다 서평

이제 컴퓨팅 사고력은 유능한 프로그래머에게만 필요한 능력이 아니라 직업과 관계없이 누구나 갖추어야 할 미래의 핵심 역량입니다. 이에 따라 초등학교에서도 소프트웨어 교육을 실시해야 하나, 정작 무엇을 어떻게 가르쳐야 할 것인지에 대해 고민만 커져 갈 뿐입니다. 더욱이 이렇다 할 변변한 교재나 제대로 된 지침서 하나 없는 상태에서 이 책은 소프트웨어 교육의 지침서로 손색이 없습니다. 일상생활 속에서의 다양한 문제들을 부모님과 아이들이 함께 고민하고 해결해 나갈 수 있도록 든든한 길잡이가 되어 줄 것입니다. 아주 우연한 기회로 인생의 터닝 포인트가 만들어집니다. 이 책이 독자 여러분의 삶에 터닝 포인트의 역할을 할 수 있을 것이라 믿습니다.

서병태 | 인천신석초등학교 교장/공학박사

자신의 아이디어를 프로그램화 할 수 있는 것은 무한한 가능성을 가지고 있는 무형의 자산입니다. 이 책은 프로그래밍에 대해 많은 예제를 들어 설명하고 있어 어렵게 생각되던 프로그래밍을 쉽게 이해할 수 있습니다. 또한 프로그램 교육의 중요성뿐만 아니라, 아이들에게 프로그래밍을 익혀야 하는 이유에 대해서 다양한 시각에서 설명해 매우 유익합니다.

김정동 | 선문대학교 컴퓨터공학과 교수

이 책을 통해 프로그래밍이 우리의 일상생활에 얼마나 많은 영향을 주고 있는지를 알게 되었습니다. 특히 일상생활 속에서의 알고리즘을 통해 컴퓨팅 사고력을 자연스럽게 체득할 수 있도록 설명돼 있습니다. 이 책이 아이들, 청소년, 학부모, 교사가 함께 놀이를 하듯, 프로그래밍을 접할 수 있는 친절한 길잡이가 되어 줄 것이라 믿습니다.

김평호 | 북일고등학교 진로진학상담부장

저는 아이가 코딩에 관심이 있는 것을 알면서도 컴퓨터 앞에 앉아 있는 게 늘 못마땅했습니다. 이 책을 읽은 후부터는 코딩을 짜고 게임을 만드느라 시간을 보내는 아이를 나무라지 않습니다. 빌 게이츠도, 스티브 잡스도, 마크 저커버그도 모두 어린 시절부터 컴퓨터에 관심을 가진 사람들입니다. 우연의 일치인지 주변에 코딩에 관심 있는 아이들이 공부도 잘하더라고요. 위대한 업적을 쌓는 데는 부모의 관심과 뒷받침이 절대적이라는 사실을 다시 한 번 깨닫게 해 주는 책입니다.

박상희 | 일본 동경 거주 10년차

진로상담을 하면서 프로그래밍에 관심 있는 학생들을 많이 만날 수 있었습니다. 교사로서, 프로그래밍에 대한 지식이 있다면 좀 더 학생들에게 도움이 될 수 있었을 텐데 라는 아쉬움이 남곤 했습니다. 이 책은 진로교육에서 프로그래밍이라는 분야를 이해할 수 있는 큰 계기가 되었습니다. 많은 학부모님들에게도 저와 같이 코딩을 비롯한 프로그래밍에 대해 이해할 수 있는 기회가 될 것입니다.

정명근 | 복자여자고등학교 진로진학상담교사

학창 시절 프로그래밍은 왠지 복잡하고 어렵게만 느껴지던 과목이었습니다. 학생들을 가르치면서 학생들이 좀 더 쉽게 프로그래밍을 접하고 이해할 수 있는 안내서가 있으면 좋겠다고 생각했습니다. 그런데 가뭄 속 단비와도 같은 책이 발간되었습니다. 학부모들이 편안하게 읽을 수 있는 프로그래밍 입문서가 될 것이라 기대합니다.

조동헌 | 선문대학교 입학사정관실장/부교수

이 책은 컴퓨터 프로그래밍은 잘 모르지만 내 아이에게 컴퓨터 프로그래밍을 접하게 하고 싶은 부모님들에게 추천할 만한 책입니다. 아이는 부모로부터 모든 것을 배우고, 또한 아이는 부모와 함께 놀고 싶어 합니다. 내 아이에게 컴퓨터 게임을 하는 재미보다 컴퓨터 게임을 만드는 재미를 알려 주고 싶다면, 내 아이의 논리력과 창의력을 높이고 싶다면, 이 책을 읽고 아이와 같이 컴퓨터 프로그래밍 놀이에 도전해 봅시다.

위현욱 | 삼성전자 소프트웨어센터 클라우드서비스랩

독자 서평

초등학교 남학생을 자녀로 둔 우리 부부는 프로그래밍을 직접 다루는 IT산업 종사자들이자, 프로그래밍 산업군의 직접적인 수혜자입니다. 그동안 막연히 아이에게 미래 직업으로 IT분야의 좋은 텃밭을 물려주고 싶다고 생각해 왔습니다. 그런데 이 책을 통해 하루라도 빨리 프로그래밍을 가르치는 것이 좋겠다고 다짐하게 되었습니다. 이 책은 부모가 꼭 알고 있어야 할 프로그래밍 교육입문서입니다. 가까운 10년 뒤, 우리 아이가 만든 게임과 스마트 헬스기기가 대박나게 되는 첫 걸음이 될 것입니다.

황재준 | (주)Embian CEO

똑똑한 엄마는 국영수보다 코딩을 가르친다

아이와 엄마가 함께 읽는 맨처음 코딩 교과서

Teach your kids to code to turn them into billionaires by Kohji Matsubayashi
ⓒ Kohji Matsubayashi 2015
Edited by MEDIA FACTORY.
First published in Japan in 2015 by KADOKAWA CORPORATION.
Korean translation Dasan Books Co., Ltd.
Under the license from KADOKAWA CORPORATION, Tokyo
through CREEK & RIVER KOREA Co., Ltd

똑똑한 엄마는 국영수보다 코딩을 가르친다

마츠바야시 코지 지음

황석형 옮김

다산지식하우스

최근 우리들은 '알파고(AlphaGo)'가 보여 준 컴퓨터의 초인적인 능력을 전 세계 누구보다도 가까이에서 실감할 수 있었습니다. 알파고의 핵심은 인공지능기술을 바탕으로 만들어진 컴퓨터 프로그램, 즉 '소프트웨어'입니다. 인공지능 분야의 소프트웨어는 바둑이나 체스뿐만 아니라, 인간을 대신하여 자동차를 운전하거나 의료 분야에서 활용되기도 합니다. 더욱 놀랍게도 미술 작품을 만들거나 음악을 작곡하기도 하고 소설을 집필하는 등, 인간만의 고유 영역이라고 여겨졌던 창작·예술·문학 분야에서도 소프트웨어가 활약하기 시작했습니다.

이렇듯 최근 우리 사회는 기존 산업 침체와 IT산업의 급속한 성장을 경험하면서 소프트웨어에서 답을 찾으려는 '소프트웨어 중심 사회'로 급변하고 있습니다. 소프트웨어 중심 사회에서는 소프트웨어가 정치·경제·사회·문화·교육 등의 제반 분야에 중요한 영향을 미치게 되어, 개인과 기업, 정부의 경쟁력을 결정하게 됩니다. 이미 세계 주요 선진국(미국, 영국, 일본, 핀란드 등)에서는 초등학교 저학년부터 소프트웨어 교육(프로그래밍 교육)을 실시해 학생들의 '컴퓨팅 사고력(Computational Thinking)'을 기르기 위한 기반을 마련하고 있습니다. 우리나라도 2018년부터 컴퓨터 언어로 프로그램을 만드는 '코딩(Coding)'을 비롯한 소프트웨어 교육을 의무화 할 예정입니다. 초등학교는 연간 17시간 이상, 중학교는 34시간 이상을 소프트웨어 교육 시수로 배정하고 있습니다.

학부모님들을 비롯한 많은 사람들은 '컴퓨터 프로그래밍'이라고 하면, 난해한 기호와 숫자, 문자가 섞여 있는 것들을 컴퓨터 전문가가 고군분투하며 만들어 내는 고도의 작업이라고 생각하기 쉽습니다. 사실은 그렇지 않습니다. 마치 수학과 과학 과목이 19세기 말~20세기 초 산업혁명 시대에 보편적 교육으로 학교에서 실시된 것처럼, 프로그래밍 교육은 우리 아이들이 디지털 시대를 창의적이고 주도적으로 그려 나가기 위한 기본 소양입니다. 지난 세기 동안, 인쇄·출판술 등에 의해 3R능력(읽기: Reading, 쓰기: wRiting, 계산: aRithmetic)이 널리 보급되었듯이, 이제는 누구나 특히, 미래를 살아갈 아이들은 필수로 프로그래밍을 배워야 할 때입니다.

책의 저자 마츠바야시 코지(Matsubayashi Kohji) 씨의 20년 지기 친구로서, 그리고 학부모이자 컴퓨터 분야 교육자의 한 사람으로서, 국내 학부모님들께 유익한 내용을 한국어로 전할 수 있게 되어 기쁩니다. 번역서 출간에 도움을 주신 다산북스 관계자 여러분들께 깊이 감사드립니다.

컴퓨터 프로그래밍을 전혀 모르는 부모님들이라도, 이 책을 통해서 자녀들에게 무한한 가능성과 잠재력을 일깨워 줄 수 있다고 확신합니다.

옮긴이 황석형

옮긴이의 말

이 책 『똑똑한 엄마는 국영수보다 코딩을 가르친다』는 우리 아이들이 일상생활에서 접하는 다양한 IT기기들을 사용하는 것에만 그치지 말고, 이를 프로그래밍해 만들어 가는 주체가 되어야 한다고 말합니다. 특히 어릴 때부터 프로그래밍을 가르쳐서 새로운 아이디어로 우리의 생활을 변화시켜 나가는 것이 얼마나 중요한지를 설명하고 있습니다.

책의 1장에 소개되는 오바마 대통령의 '게임을 가지고 노는 데 그치지 말고, 게임을 만드는 프로그래밍을 해 보라는 메시지'나, 어릴 때부터 익힌 프로그래밍 능력에 참신한 아이디어를 접목해 세상을 이끌어 가는 IT 벤처 기업에 대한 소개는 자녀의 장래를 생각하는 부모라면 특히 눈여겨 보아야 할 내용입니다.

모든 산업의 근간이 되는 소프트웨어는 이제는 더 이상 설명할 필요가 없는 0차 산업입니다. 우리가 접하는 모든 기기 중에서 소프트웨어가 빠져 있는 기기는 없습니다. 그동안 우리나라는 하드웨어 분야에 많은 노력을 기울이고 투자해, 세계에서 1위 제품을 만들어 왔습니다. 하지만, 소프트웨어 분야에서는 아직도 외국 회사에 많은 비용을 내고 있는 현실입니다. 하드웨어의 가격이 점차 하락하고 있는 반면에 창의적인 아이디어가 포함된 소프트웨어의 가격이나 중요성이 점점 커지는 점을 감안해 볼 때, 창의력이 근간이 되는 소프트웨어 산업을 일으키기 위해서는 아이들에게 프로그래밍을 가르치는 것이 국가적으로도 매우 절실합니다. 이에 우리나라에서도 IT경쟁력 강화를 위해 프로그래밍 교육을 시작해야 할 필요가 있음을 통감합니다.

프로그래밍 능력은 꼭 IT인재 육성을 위한 교육만은 아닙니다. 프로그래밍이란, 우리가 상상하는 것을 논리적으로 사고하여 프로그래밍의 언어로 표현해 기계에 심어 주는 것입니다. 이 교육은 알고리즘을 이해하고 논리적으로 사고하는 방법을 깨달아 가는 과정입니다. 그래서 자녀가 꼭 IT 관련 직업을 갖지 않더라도 모든 업무의 근간이 된다고 할 수 있습니다.

자원이 부족한 우리나라가 교육을 통해서 빠른 속도로 다양한 산업에서 선두에 올라선 경험을 떠올려 봅시다. 우리 아이들이 어릴 적부터 프로그래밍을 배워 최고의 IT강국 코리아를 만들어 가는 날을 기대해 봅니다. 이 책이 프로그래밍을 전혀 모르는 학부모와 어린이 및 청소년을 위한 친절한 길잡이가 되어 줄 것입니다.

한국 오라클 부사장 박경희

| 목차 |

6장 반갑다! 프로그래밍 세계

목차

왜 아이들에게
프로그래밍을 가르쳐야 하는가?

　전 세계적으로 '아이들을 위한 프로그래밍 교육'이 화제가 되고 있습니다. 구글, 애플, 페이스북 등 소프트웨어 기업이 크게 성공하면서 "제2의 스티브 잡스와 마크 저커버그를 탄생시키기 위해서 아이들에게 프로그래밍을 가르치자!"라고 주장하는 사람들도 있습니다.

　일본에서도 프로그래밍 교육이 의무교육화 될 것이라는 뉴스가 나오고 있습니다(2016년 현재, 일본 문부과학성에서는 2022년~2024년에 예정되어 있는 '초등 및 중등 교육에 관한 학습지도요령' 개정준비작업을 시작했고, 이번 개정작업에서는 초등학교와 중학교 및 고등학교에서 컴퓨팅 사고력과 프로그래밍 교육을 실시하는 건에 대해서 검토하고 있습니다). 입시전쟁·취업전쟁이 일본보다 더 치열한 한국에서 프로그래밍·컴퓨터과학·컴퓨터 소양 교육이 확대되고, 부모와 자녀가 함께 참가하는 프로그래밍 교실이 큰 인기를 얻고 있다고 들었습니다.

그런데 아이의 장래 희망이 컴퓨터 엔지니어가 아니더라도 꼭 프로그 래밍을 가르쳐야 할까요?

오늘날 컴퓨터는 우리의 일상생활 구석구석에 침투되어 있습니다. 컴 퓨터와 스마트폰, 태블릿은 물론 다양한 기기와 장치들에 컴퓨터가 내장 되어서 곳곳에서 작동하고 있습니다. 슈퍼마켓의 계산대, 은행의 ATM, 인 터넷 쇼핑 등도 컴퓨터 없이는 불가능합니다. 전기밥솥과 전자레인지, 냉 장고, 에어컨, 세탁기, 그리고 TV와 캠코더, 카메라, 로봇 청소기와 샤워실 의 자동급탕기, 체중계 등등 가정에 있는 것만 꼽아도 일일이 열거하기 힘 들 정도입니다. 마치 우리 생활 전부가 컴퓨터에 둘러싸인 듯합니다.

이러한 환경에서 컴퓨팅 사고력과 프로그래밍은 21세기를 살아가기 위한 논리적 사고력과 아이디어를 구현하는 수단, 현대사회의 구조를 이 해하기 위한 지혜로서 강조되고 있습니다. 비즈니스 분야에서도 애플, 구 글, 페이스북 등 소프트웨어 기업이 놀랄 만큼 성공한 것에 비추어 주목받 고 있습니다. 한편, '아이들의 창조력을 육성하는 도구'로서의 프로그래밍 가치도 주목받고 있습니다.

부모 자신은 프로그래밍을 하지 못하지만, 아이들에게 프로그래밍에 대한 흥미를 갖게 하고 싶다면 어떻게 해야 할까요? 이와 같은 질문에서

이 책이 탄생하게 되었습니다.

'도대체 프로그래밍이란 무엇인가요?', '컴퓨터는 어떻게 작동하나요? 일상생활과 업무와 프로그래밍은 어떻게 관련되어 있나요?' 그리고 '프로그래밍은 어떻게 배워야 될까요?' 이 책은 이와 같은 의문들에 해답을 제공하면서 프로그래밍의 본질을 함께 이해해 보고자 합니다.

이 책은 프로그래밍 입문서 또는 기술 서적이 아닙니다. 실제로 프로그램 코드는 전혀 나오지 않습니다. 따라서 독자 여러분들이 이미 프로그래밍의 세계를 알고 있는 엔지니어나 프로그래머라면, 이 책의 내용이 다소 부족하다고 느낄 수도 있습니다. 그러나 이 책에서는 프로그래밍 세계의 기초와 교육에 관한 정보를 폭넓게 다루고 있습니다.

더불어 이번에 저의 책(원제목 『아이를 억만장자로 키우고 싶다면 프로그래밍을 가르쳐라(Teach your kids to code to turn them into billionaires)』)의 번역서가 한국에서 출판되어 정말로 기쁘게 생각합니다. 한국어판 번역을 담당해 주신 소중한 친구, 황석형 교수님은 제가 대학원에 재학하던 시절에 같은 연구실에서 동고동락한 선배님이십니다. 만약 다른 번역자가 이 책을 번역했다면 걱정이 많았을 것입니다만, 황 교수님이라서 안심하고 맡길 수 있었습니다. 특히 황 교수님은 한국의 IT기업가들과 프로그래밍 교육에 대해 상세히 집필해 주셨습니다. 한국어판 번역서는 황 교수님과의 공동 작업이나 다름없습니다. 황 교수님! 정말로 고맙습니다.

하부모님 여러분! 프로그래밍을 배우는 데는 늦거나 빠른 때가 없습니다. 자녀들과 함께 생각하고 배우면서 일상생활, 그리고 놀이 속에 숨겨져 있는 '프로그래밍과 관련된 것들'을 발견해 내기 바랍니다. 그리고 한국의 어린이와 청소년 여러분, 프로그래밍은 그림 그리기, 음악, 글짓기처럼 '무엇인가를 만들거나 표현하기 위한 수단'입니다. 그 즐거움은 각별하답니다. 반드시 부모님, 친구들과 함께 즐겨 보시기 바랍니다. 먼 훗날 여러분들의 부모님이나 어른들을 깜짝 놀라게 할 아이디어로, 멋지고 훌륭한 제품과 서비스를 만들어 내기를 기원합니다.

자, 이제부터 자녀들과 함께 프로그래밍의 세계를 탐험해 봅시다.

지은이 마츠바야시 코지

var fun = new Kid(yours).raise( ).startCode(any).join( );

"

오바마 대통령이
미국의 학생과 젊은이들에게
다음과 같은 메시지를
보냈습니다.

"스마트폰 게임을
가지고 노는 것 대신에,
직접 스마트폰 게임을
프로그래밍해 보세요."

이런 메시지를 보낸 이유는 무엇일까요?
돈을 많이 벌 수 있기 때문에?
밝은 미래가 보장되기 때문에?

물론 프로그래밍을 잘한
사람들이 비즈니스에서
성공하고 있습니다.

실제로 미국뿐만 아니라,
세계 여러 나라들이
아이들을 위한 프로그래밍 교육에
관심을 갖기 시작했습니다.
이미 한국에서도 그렇습니다.

프로그래밍 교육이 중시되는 현상은
경제적인 목적뿐만 아니라
교육 효과도 기대할 수 있기 때문입니다.
그렇다면 자녀를 키우는
부모로서 여러분들은
가만히 바라보고만 있어도 괜찮을까요?

대부분의 부모님들은
프로그래밍 경험이 없을 뿐만 아니라,
어떻게 해야 할지
모르고 있는 것은 아닌지요?

아무것도 모르면서
자녀들에게 조언하는 것은
불가능합니다.

프로그래밍의 기초는
결코 어려운 것이 아닙니다.

이 책을 통해서
개념들을 한 번에 이해하고,
최신 교육 정보를 파악해
자녀들과 함께 프로그래밍을
배워 보도록 합시다.

"프로그래밍은
매우 재미있는 작업이에요!"
프로그래밍의 재미를 알게 된
자녀들은
스스로 더 높은 목표를 향해
도약하게 됩니다.

1 장

아이들을

미래에

성공시키는

지름길은

'프로그래밍'이다

오바마 대통령과 스티브 잡스도 강조하는 '코딩' 교육

스티브 잡스, 빌 게이츠, 마크 저커버그 등 세계적인 소프트웨어 인재를 배출한 미국에서는 지금 '코딩' 교육 열풍이 거세게 불고 있습니다. 2013년 미국의 버락 오바마 대통령은 미국 시민들에게 다음과 같은 동영상 메시지를 공개했습니다.

코딩을 배우세요. 코딩은 당신의 미래일 뿐만 아니라 조국의 미래이기도 합니다.

비디오 게임을 구입하는 대신에 비디오 게임을 직접 만들어 보세요. 최신 애플리케이션을 다운로드하는 대신에 애플리케이션을 직접 설계해 보세요. 스마트폰 게임을 가지고 노는 대신에 스마트폰 게임을 직접 프로그래밍해 보세요.

컴퓨터 프로그래머는 탄생하는 것이 아닙니다. 교육을 받으면 누구나 할 수 있습니다. 어디에 거주하든 컴퓨터는 당신의 미래를 좌우할 것입니다.

이 메시지는 2013년 12월에 개최된 '컴퓨터과학교육주간(Computer

No one's born a computer scientist,

▶ ◀)) 0:41 / 1:17

💬 President Obama asks America to learn computer science

Code.org

124,901 1,141,681

10,036 3,076

💬 2013년 9월, 미국 국민들에게 메시지를 보내고 있는 오바마 대통령.

Science Education Week)' 행사에 보내진 동영상 내용입니다. 이 행사를 주최한 곳은 코드닷오알지(Code.org)라는 소프트웨어 교육지원 비영리 단체로, '컴퓨터과학 교육을 전 세계에 확산시키고 유치원 아동 및 초중고교생들뿐만 아니라, 남녀노소 모든 이들에게 프로그래밍에 대해서 알려 주고 흥미를 갖게 하자'는 목표를 갖고 있습니다.

이 컴퓨터과학교육주간 행사에는 미국 국내뿐 아니라 전 세계 170여 개 나라와 지역에서 약 1500만 명이 참가했습니다. 총 5만 라인의 프로그램 코드가 작성되는 등 전년도보다 성황을 이루었습니다.

유명한 애플의 공동 창업자 스티브 잡스도 1995년, 한 인터뷰에서 프로그래밍의 중요성에 대해서 다음과 같이 말했습니다[이 인터뷰는 2012년에 '스티브 잡스: 더 로스트 인터뷰(Steve Jobs: The Lost Interview)'라는 다큐멘터리 영화로 제작되었습니다].

> 저는 제 사고 과정을 비추어 내는 수단으로 프로그래밍을 사용했습니다. 모든 사람이 코딩을 배워야 합니다. 코딩은 생각하는 법을 가르쳐 주기 때문이죠.

스티브 잡스는 단순히 "기술 또는 기능으로서 프로그래밍을 배워야 한다"고 말하고 있지 않습니다. 프로그래밍과 컴퓨터과학을 배움으로써 삶의 더 많은 사실을 알게 되며 더욱 다양한 가능성이 열린다고 이야기하고 있습니다.

 ## ② 억만장자가 된 프로그래머들

오바마 대통령과 스티브 잡스가 프로그래밍을 강조한 이유가 '경제적인 성공' 때문만일까요? 실제로 최근 들어 성공한 경영자들을 살펴

보면 프로그래밍 능력을 갖춘 사례가 많습니다.

마이크로소프트의 창업자 빌 게이츠(추정 자산 810억 달러/96조 2000억 원), 페이스북의 창업자 마크 저커버그(추정 자산 340억 달러/40조 4000억 원), 트위터와 스퀘어(스마트폰으로 손쉽게 카드 결제가 가능한 모바일 결제 서비스)의 잭 도시(추정 자산 27억 달러/3조 2000억 원), 그리고 애플의 창업자 스티브 잡스(추정 자산 70억 달러/8조 3000억 원)를 꼽을 수 있습니다. 이들은 IT소프트웨어 기업을 창업해 성공을 거둔 이른바 'IT 억만장자'들로 어린 시절부터 프로그래밍을 배워서 일찌기 엔지니어로서의 소양을 몸에 익혔습니다.

빌 게이츠는 중학생 시절에 프로그래밍을 시작해 고교생 때는 친구들과 교통량 데이터를 분석하는 '트래프 오 데이터(Traf-O-Data)'라는 회사를 설립해서 프로그래밍 업무에 종사했습니다. 1975년, 20살 무렵에는 엔지니어 친구인 폴 앨런과 함께 '베이식'이라는 프로그래밍 언어를 다양한 컴퓨터용으로 이식해 주는 사업을 시작하면서 '마이크로소프트'를 창업했습니다. 그 이후 마이크로소프트의 압도적인 성공 스토리는 모두 잘 알고 있을 것입니다.

마크 저커버그도 중학생 때 아버지로부터 프로그래밍 언어 베이식을 배웠으며, 그의 아버지는 마크를 위해서 프로그래밍 개인 교사를 고용했다고 합니다. 그 결과 마크는 치과의사였던 아버지가 운영하는 병원과 집 사이에서 채팅할 수 있는 '저크넷(ZuckNet)'이라는 소프트웨어를 개발했습니다. 고교생 시절에는 이용자의 기호에 맞추어 청취할 음악을 추천해 주는 음악플레이어 '시냅스 미디어 플레이어(Synapse Media Player)'를 만들어 발표했습니다. 그리고 2004년 2월에는 하버드 대학 학생 교류 사이트로, 오늘날 '페이스북'의 원조가 된 '더페이스북' 이라는 사이트를 개발해 공개했습니다.

트위터의 잭 도시는 8살 때 컴퓨터를 처음 접했습니다. 이후 13살 때, 택시와 구급차 등의 운행 관리 시스템의 프로그램을 만들었습니다. 이 시스템은 지금까지도 미국의 택시 운행 관리에 사용되고 있다고 합니다. 이와 같은 경험을 토대로 여러 사람들이 짧은 메시지를 주고받으며 공유하는 '트위터'라는 SNS 아이디어를 찾아낸 것입니다.

이런 일화를 살펴보면, IT기업의 경영자들은 어린 시절부터 프로그래밍에 몰입해 천재적인 프로그래밍 능력을 익혔기 때문에 성공했다고 할 수 있습니다. 독자들은 이 이야기가 본인이나 자녀들과는 전혀 상관없다고 생각할 수도 있습니다. 그러나 반드시 그렇지 않습니다.

세계적인 IT기업 애플의 스티브 잡스는 프로그래밍 자체에 대한 천부적인 재능을 가지고 있지는 않았습니다. 그러나 그는 IT기술 산업에 대한 이해와 타의 추종을 불허하는 의사결정력에서 천재적인 재능을 발휘했습니다. 이런 스티브 잡스에게는 훗날 애플을 공동 설립한 엔지니어 스티브 워즈니악이 학생 시절부터 함께 했었습니다.

의기투합한 두 사람은 1971년 고교생 시절에, 장거리 전화를 무료로(사실은 불법으로) 걸 수 있는 장치를 개발해 판매했습니다. 1975년 비디오게임 개발 회사 아타리(Atari)에서 근무하던 스티브 잡스는 자신에게 부과된 '게임기 회로의 부품 개수 삭감에 관한 과제'를 워즈니악에게 의뢰한 경우도 있었습니다. 그리고 1976년에 설립한 애플 컴퓨터에서는 워즈니악이 거의 독자적으로 개인용 컴퓨터 '애플I'과 이후 큰 성공을 거두었던 '애플II'를 개발했습니다. 항상 잡스의 곁에는 워즈니악이 있었던 것입니다.

이렇듯 성공한 경영자들 중에는 실제로 프로그래밍 능력이 탁월하지 않지만, 이에 대한 이해가 풍부한 이들도 있었습니다. 이러한 사례로 봤을 때, IT경영자들의 프로그래밍 능력은 다양하지만, 각 인물들은 어린 시절부터 프로그래밍에 흥미를 갖고 있었습니다. 그들은 학교 수업과는 관계없이 스스로 실력을 연마하고 정보를 수집함으로써, 미래의 성공을 위한 씨앗을 길렀다는 공통점이 있습니다.

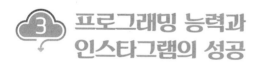

프로그래밍 능력과 인스타그램의 성공

또 다른 예로 저자의 지인 이야기를 소개하고자 합니다. 2010년 10월에 등장한 후, 단 2개월 만에 100만 명 이상의 등록 이용자 수를 확보한, '인스타그램'이라는 사진 공유 앱이 있습니다. 인스타그램의 이용자 수는 2013년 9월에는 1억 5000만 명, 2014년 12월에는 3억 명을 넘어서며 빠르게 성장했습니다. 이 순간에도 인스타그램에는 1초당 수십 장에서 수백 장의 사진이 계속 올라오고 있습니다.

이렇게 폭발적인 인기를 끈 인스타그램은 2012년 4월 페이스북으로부터 10억 달러(약 1조 원)라는 거액을 받고 매각되어, 단번에 세계적으로 주목받는 기업이 되었습니다. 불과 1년 반 만에 엄청난 가치를 창출했던 것입니다.

공동 창업자 케빈 시스트롬과 마이크 크리거도 앞서 소개한 인물들과 비슷하게, 경영자의 마인드와 엔지니어의 능력을 겸비하고 있었습니다. 케빈이 프로그래밍을 처음 접한 것은 '2살' 때였다고 합니다. 그러나 프로그래밍에만 몰두해서 학창 시절을 보낸 것은 아니라고 합니다. 케빈은 대학에서 경영과학과 경영공학을 전공했고, 졸업 후에는 트위터의 전신이었던 '오데오(Odeo)'에 취직했습니다. 낮에는 마케팅 업무를 담당하고, 밤에는 독학으로 프로그래밍을 공부했다고 합니다. 나중에는 구글로 자리를 옮겨서 지메일과 구글 캘린더 등에서 마케팅 관리자로 2년간 일했습니다.

'정통 프로그래머'는 아니었던 케빈 시스트롬은 대학에서 컴퓨터의 사용 편의성과 디자인에 대해서 공부한 마이크 크리거와 합류해서 체크인, 사진 공유, 게임 등과 같은 종합 서비스를 제공하는 '버본

(Burbon)'을 개발했습니다. 이후 보다 단순한 기능을 추구하고 스마트 폰에서만 사용할 수 있는 서비스를 만드는 것이 더 좋다고 판단해, 소셜 사진 공유 서비스인 인스타그램의 아이디어를 떠올리게 되었다고 합니다.

케빈 시스트롬과 마이크 크리거, 이 두 사람은 버본에서 사진 공유 기능만을 살리고 나머지 부분은 제외시켜서 단 8주간이라는 짧은 기간 동안에 인스타그램 앱과 서버 부분을 완성했습니다. 그리하여 2010년 10월에 앱을 공개했고, 이후 경이로운 속도로 막대한 이용자 수를 확보하게 되었습니다.

저도 2010년 10월부터 인스타그램의 사용자가 되었습니다. 그리고 2010년 11월에 케빈이 인스타그램에 '자원 봉사 번역자 모집'이라는 사진을 올린 것을 보고 이 모집에 응모해 2012년까지 단독으로 인스타그램 일본어판 번역을 담당했습니다. 케빈 시스트롬과 마이크 크리거, 그리고 커뮤니티 매니저였던 죠시 리델 등과 빈번하게 메일을 주고받으며 논의했던 일은 매우 즐거운 경험이었습니다.

그리고 이 3명과 교류하면서 알게 된 사실이 하나 있습니다. 그들은 결코 천재적인 능력을 갖춘 정통 프로그래머가 아니라, 새로운 서비스를 만들고 싶은 의욕적인 젊은이들(당시 그들은 20대 중반이었습니다)이었다는 점입니다.

그런데 그들이 이와 같은 성공을 거둘 수 있었던 요인은 무엇이었

を까요? 물론 창업자 두 사람이 보다 단순하고, 보다 사용자들의 구매력을 높이는 서비스에 착안했던 것이 무엇보다도 컸습니다. 그러나 이런 요인들보다도 더 중요한 것이 있습니다. 두 사람 모두 앱 개발이 가능한 수준의 프로그래밍 기술을 익히고 지속적으로 공부했다는 점입니다.

두 사람은 프로그래밍에 몰입해서 살아가던 인물이 아니었습니다. 그러나 독학으로 프로그래밍을 공부해 다른 회사에 개발을 의뢰하지 않고 자신들의 아이디어를 단기간

💬 인스타그램은 스마트폰에서 촬영한 사진과 짧은 동영상을 다양한 필터 효과를 사용하여 아름답게 변환하여 손쉽게 인터넷에서 공유할 수 있는 앱.

내에 형태화할 수 있는 기술을 가지고 있었습니다. 결국 자신들의 손으로 직접 신속하게 앱을 만들어 낼 수 있었던 것입니다. 이와 같은 신속성은 프로그래밍 기술 없이는 불가능합니다.

매년, 매월, 아니 매일, 기술이 진보되고 있고 새로운 아이디어가 창출되고 있습니다. 조금이라도 제품의 출시가 늦어지면 다른 회사에 뒤지게 됩니다. 인스타그램의 성공 뒷면에는 떠오른 아이디어를 바로 프

로그래밍할 수 있고, 곧바로 제품으로 만들 수 있었다는 비결이 존재합니다. 즉, 창업자 두 사람이 직접 프로그래밍할 수 있었다는 점이 매우 큰 성공 요인이었습니다. 특히 중요한 점은 그들이 천재적인 프로그래머가 아니었다는 점입니다.

제2차 세계대전이 끝나고 컴퓨터 여명기에, 프로그래밍은 일부 수학자들과 계산기 과학자들만이 사용하던 기술이었습니다. 그러나 오늘날 프로그래밍은 '누구든지' 도전할 수 있는 매우 친근한 존재입니다. 다양한 종류의 프로그래밍 언어와 프로그램 작성에 필요한 소프트웨어가 준비되어 있으므로 마음껏 고를 수 있습니다. 참고가 되는 정보를 책이나 인터넷에서 간단하게 얻을 수 있습니다. 아이디어와 프로그래밍 기술을 익히고자 하는 열정만 있다면, 성공으로 향하는 길은 열릴 것입니다. 아이디어를 실현하기 위해 넘어야 할 장벽이 예전에 비하면 크게 낮아지고 있습니다.

IT로 창업하라

인스타그램의 사례에서도 알 수 있듯이, 젊은이들이 비즈니스에서 성공을 거둘 수 있는 수단 중 하나는 '창업'입니다. 새로운 비즈니스 모델을 기반으로 벤처캐피털로부터 투자를 받아서 창업하는 벤처기업

[('스타트업(Startup)'이라고 부름)]이 미국을 중심으로 등장하고 있고 각종 미디어에서 화제가 되고 있습니다.

스타트업은 한국과 일본에서도 찾아볼 수 있습니다. 2014년 12월 코스닥에 상장되고 소프트웨어&IT서비스로 분류된 기업의 시가 총액 비중은 2008년보다 2014년에 2배 가까이 성장했습니다(6%에서11%로). 소프트웨어&IT서비스 부문의 코스닥 지수는 2010년부터 2014년까지 매년 성장하고 있으며(7~8%), 이러한 추세는 제조업, 유통, 운송, 통신 방송 서비스, IT하드웨어 등 다른 산업과 비교해 매우 월등합니다.

일본도 마찬가지입니다. 일본 총무성이 조사하여 종합 정리한 2013년도 『정보통신백서』에 의하면, 최근에 ICT(Information and Communications Technologies, 정보통신기술)계열의 벤처기업 상장 사례가 두드러지게 나타나고 있습니다. 2011년부터 2013년 사이에 도쿄증권거래시장에 상장된 기업들 중에서, ICT벤처기업이 차지하는 비중이 37%에 이른다고 합니다.

매년 다양한 매체에서 '아이들이 미래에 희망하는 직업'의 순위를 발표합니다. 가장 인기가 높은 것은 스포츠 선수와 의사, 선생님, 연예인 등이며, 컴퓨터과학 관련한 엔지니어나 프로그래머는 포함되어 있지 않습니다.

앞서 설명한 대로 IT기업들이 놀랄 만한 속도로 성장하고 있습니다. 이를 기반으로 최근 우리 사회는 '소프트웨어 중심사회'로 급변하고 있습니다. 이는 '소프트웨어'가 정치, 경제, 사회, 문화, 교육 등 제반 분야에 중요한 영향을 미치고 있다는 말입니다. 그러므로 장래에 자녀들이 성공하기를 바란다면 'IT분야'에서 창업하도록 하는 것이 좋습니다.

한국에서도 IT로 창업해 크게 성공한 벤처기업과 개발자 출신 기업가들이 있습니다.

대표적으로 꼽을 수 있는 회사가 백신 소프트웨어 업체 '안철수연구소'와 안철수입니다. 안철수는 의대 3학년 재학 시절에 처음으로 컴퓨터를 접하면서 프로그래밍에 흥미를 갖게 되었습니다. 대학원에서 의학 박사과정을 밟고 있던 시절, 안철수는 처음으로 컴퓨터 바이러스를 접하고 이를 고칠 수 있는 백신 프로그램(국내 최초 컴퓨터 바이러스 백신 프로그램 V1)을 개발합니다. 이것이 계기가 되어 1995년에 창업한 '안철수연구소'는 연매출 1천억 원이 넘는 벤처기업으로 성장했습니다.

네이버와 이를 창업한 이해진 의장도 프로그래밍으로 성공한 벤처기업과 기업가입니다. 평범한 엔지니어로 근무하던 이 의장은 회사에서 실시한 '한계 도전 프로그램'에 참여하던 중 인터넷에 관심을 갖기 시작했습니다. 그 후, 국산형 검색 엔진 개발에 본격적으로 뛰어들어 검색 포털 벤처기업 '네이버컴'을 창업했습니다. 현재 네이버는 국내 검색 점유율 70%를 넘으며 대한민국 검색 사이트의 대표로 자리 잡았습니다.

전 국민들의 스마트폰 생활 필수품이 되어 버린 국가대표 메신저

'카카오톡'. 이 카카오톡을 탄생시킨 김범수 의장과 카카오톡도 빼놓을 수 없습니다. 처음에 김 의장은 자신의 전공을 살려서 PC방의 모든 컴퓨터를 관리할 수 있는 PC방 고객관리 프로그램을 제작해 판매했습니다. 이를 기반으로 1998년에 '한게임커뮤니케이션'을 창업했습니다. 이후 김 의장은 전 세계 IT시장이 PC에서 모바일로 급변하고 있음을 간파해 모바일에 최적화된 카카오톡 서비스를 출시했습니다. 카카오톡은 현재 전 세계 가입자가 약 1억 8천만 명에 이르는 이른바 '대박' 난 IT기업으로 성장했습니다.

이외에도 1998년 대한민국 온라인 게임 산업의 전성 시대를 연 기념비적 게임 '리니지'를 탄생시킨 NC소프트와 김택진 NC소프트 대표이사, 1983년 대학교 재학 중에 '비트컴퓨터'를 설립한 대한민국 최초의 IT벤처기업인 조현정 회장도 꼽을 수 있습니다. 지금은 이름난 IT기업을 운영하는 이들은 모두 프로그래밍에 대한 이해를 바탕으로 IT벤처기업을 창업해 성공을 거두었습니다.

일본에서도 IT로 창업하는 사람들이 점차 많아지고 있습니다.

가장 활발한 IT 창업 사례로 '그노시(Gunosy)'와 '스마트뉴스(SmartNews)'가 있습니다. 이 두 제품은 출퇴근 열차 안에서 뉴스를 효율적으로 읽을 수 있는 앱으로 최근 이용자가 급증하고 있습니다. 이들 앱을 제작한 곳은 신속한 스타트업과 명확한 기술력에 의해 눈부신 속도로 발전하고 있는 벤처기업들입니다.

또 다른 사례로 메신저 앱 '라인(LINE)'이 있습니다. 라인은 2014년 8월에 등록 사용자 수가 전 세계 5억 명을 돌파했고, 월간 사용자 수(과거 30일간 실제로 LINE을 사용한 사용자 수)가 1억7000만 명에 이른다고 합니다.

라인의 개발이 시작된 것은 2010년 12월입니다. 당시에는 검색 서비스를 중심 사업으로 하는 네이버 재팬의 신규 개발 프로젝트로서, 단 3명에서 출발했습니다. 처음에는 '트위터나 페이스북과는 차별화된 개인 커뮤니케이션 도구'로 사진공유 앱과 메신저 앱을 개발하는 것을 목표로 했다고 합니다. 이러한 앱 개발을 진행하던 중, 2011년 3월 11일에 동일본 대지진이 발생합니다. 엄청난 자연재해를 계기로, 서로 친한 사람들끼리 연락을 주고받고 정보를 공유하는 커뮤니케이션이 절대적으로 필요하다고 판단해 메신저 기능에만 초점을 맞추어서 4월부터 본격적인 앱 개발을 시작했습니다. 같은 해 6월, 드디어 라인 앱을 공개한 뒤 일본을 중심으로 폭발적인 인기를 얻게 되었습니다. 이러한 신속한 의사결정과 개발 속도야말로 라인이 큰 성공을 거둘 수 있었던 주요 요인이었습니다.

전체적으로 살펴보면, 이들은 모두 스타트업으로 성공을 거둔 IT기업들이라는 공통점을 발견할 수 있습니다. 컴퓨터과학과 통계, 데이터 분석, 네트워크 등을 이해하고, 스스로 프로그래밍할 수 있는 사람들이 명확한 비전을 토대로 빠르게 제품을 개발해 이 세상에 내놓은 것입니다. 즉, 비즈니스 아이디어가 떠오른 사람들이 그 아이디어를 구현할 수단으로 컴퓨터를 사용하고 프로그래밍을 만든 것입니다.

5 아이들에게 프로그래밍 교육이 필요한 이유

지금까지 내용을 종합해 보면, 최근 우리사회에서 '성공하는 창업' 과 '프로그래밍 능력' 사이에 매우 밀접한 관계가 있다는 사실을 알 수 있습니다. 이렇듯 앞으로 자녀가 비즈니스에서 성공하길 바란다면 프로그래밍을 교육하는 것이 큰 도움이 됩니다. 하지만 프로그래밍을 배워야 하는 이유가 이러한 측면만 있는 것은 아닙니다.

'읽기, 쓰기, 계산' 등 살아가는 데 필수인 지식·능력·교양을 가리켜서 '소양'이라고 합니다. 일상적으로 컴퓨터와 휴대용 기기, 가전제품, 정보시스템 등에 둘러싸여 있는 오늘날에는 원하든 원하지 않든 상관없이 프로그래밍과 밀접하게 연관되어 있습니다. 이에 무엇보다도 컴퓨터와 프로그래밍에 관한 지식은 아이들이 미래 사회를 살아가기 위해 필수적으로 익혀야 하는 '필수 교양' 중 하나이자 '제2의 언어'로 여겨지고 있습니다.

이를 토대로 프로그래밍 교육의 필요성에 대해서 많은 논의가 이루어지고 있습니다. 다음과 같이 크게 3가지로 정리해 볼 수 있습니다.

● 첫째, 아이들의 호기심과 감성을 길러 준다

프로그래밍이 재미있는 점은 '유일한 정답이 없는 세계'라는 사실입니다. 유일한 정답이 없다면 어려울 것 같습니다만, 유일무이한 모범답안이 있는 것이 아니라 여러 가지 해답이 존재할 수 있기에 더욱 흥미롭습니다.

프로그래밍은 이른바, 블록이나 집짓기 놀이를 할 때 느끼는 즐거움과 비슷합니다. 프로그래밍에는 아이들이 각자 생각대로 발상해 무엇인가를 만들어 낼 수 있는 여지가 남아 있습니다. 선생님과 부모님이 이런 특징을 잘 활용하면, 아이들의 호기심과 감성을 기르는 데 도움이 됩니다.

프로그래밍을 단순히 '공부'하는 것이라고 여기지 말고 스스로 친해지고 즐기게 되면, 그 과정 속에서 아이들은 틀림없이 어른들이 생각지도 못했던 새로운 가능성을 발견할 것입니다. 프로그래밍이라는 무기를 사용해서 컴퓨터를 자유자재로 조종하거나, 훌륭한 아이디어를 형태화할 수 있는 기회가 생겨날 것입니다.

● 둘째, 미래의 일자리가 밀접하게 연관되어 있다

프로그래밍 교육은 자녀 세대의 취업 및 창업, 즉 일자리와 직결되는 문제입니다. 미래학자들과 소프트웨어 전문가들은 "현존하는 직종의 80%가 20년 안에 소멸될 것이다. 단순 노동 직종의 대다수가 기계와 로봇으로 대체되고, 미래 세대는 직·간접적으로 컴퓨터와 관련된 일을 해야 한다"고 전망합니다.

또 2016년 1월에 열린 '다보스 세계경제포럼'의 '일자리의 미래보고서'에서는 "올해 초등학교 입학생의 65%는 현재 존재하지 않는 직업을 갖게 될 것"이라고 내다봅니다. 앞으로 대부분의 직업군에서 컴퓨터를 필수로 사용하는 것은 더욱 가속화되고, 프로그래밍을 배운 아이들이 취업 기회가 많고 상대적으로 고소득을 올릴 것이라고 예측합니다.

결국 아이들의 미래 경쟁력 확보와 재능 발견 차원에서 일찍부터 코딩을 접하게 하고, 직접 프로그램을 만드는 경험을 주는 것이 현명합니다.

● 셋째, IT분야의 인재를 양성한다

미국의 소프트웨어 교육 단체인 코드닷오알지에서 내놓은 자료에 의하면, 2020년까지 컴퓨터와 관련된 직업은 현재 컴퓨터과학을 전공하는 학생 수보다 훨씬 많아지고 있습니다.

경제·산업 영역에서 IT, 특히 소프트웨어 산업 비중이 커지면서 이미 전 세계 IT시장은 2002년을 기점으로 소프트웨어산업 규모가 하드웨어산업 규모를 넘어섰습니다. 그런데 한국의 경우, 소프트웨어 기술과 인재는 턱없이 부족합니다. 따라서 앞으로는 창의적인 아이디어와 서비스 중심의 소트트웨어 산업을 준비해야 합니다. IT산업이 국가의 기반이 되고 있는 지금, 소프트웨어 인재를 양성하는 것은 개인은 물론이고 국가의 경쟁력에도 필수입니다.

초등학생 시기에 프로그래밍의 즐거움을 경험하게 한다면, 미래에는 IT분야의 직업을 갖고 싶어 하는 아이들이 늘어날 것이라고 기대할 수 있습니다. 지금부터 교육해 나간다면 많은 사람들이 프로그래밍 능력을 갖출 것이고, 그러다 보면 언젠가는 한국에서도 애플이나 페이스북, 트위터 등과 같은 기업들이 등장할 것입니다.

이유는 다양합니다만, "아이의 미래를 생각한다면 프로그래밍 교육을 도입해야 한다"고 한 목소리를 내고 있습니다. 1990년대를 기점으로 등장한 세계화 바람 속에 '영어'는 선택이 아닌 필수로 교육되어 왔습니다. 하지만 소프트웨어가 21세기의 작동 엔진이 된 지금, 프로그램을 만드는 코딩이야말로 디지털 시대의 필수 교양으로 자리잡고 있습니다.

6 아이들이 프로그래밍 교육을 받으면 얻게 되는 장점

실제로 아이들이 프로그래밍에 접해 봄으로써 얻을 수 있는 장점에 대해서 정리하면 4가지로 요약할 수 있습니다.

• 첫째, 사물의 구조를 보다 깊이 있게 생각해 보는 동기가 된다

이 세상의 모든 사물들과 제품, 서비스에는 기초가 되는 구조와 논리가 존재합니다. 아이들은 프로그래밍 교육을 통해서 제품이나 서비스가 어떤 구조로 작동하는지 상세히 관찰하고 생각해 볼 수 있게 됩니다. 그리고 사물의 구조에 대해서 구체적이고 체계적으로 파악하는 동기가 생기게 됩니다.

정밀하고 세밀하게 제작된 프로그램이나 제품, 서비스를 어떻게 조합하고 연계시켜서 하나의 커다란 제품과 서비스가 기능을 발휘하게 하는지를 생각함으로써, 이 세상에 존재하는 온갖 사물들의 구조와 작동 원리를 고찰하는 방법을 익히게 됩니다.

• 둘째, 논리적인 컴퓨팅 사고력과 문제해결력을 기른다

작은 부품들을 조립하면 결국에는 커다란 작품이 만들어집니다. 프로그램은 한 개 한 개의 '처리'를 나열하여 '순차'적으로 수행하거나,

'조건 분기'와 '선택'을 하거나, 같은 처리를 '반복'하는 요소들의 집합체입니다(상세한 사항은 3장에서 설명합니다). 프로그래밍에서는 달성하려는 목적(프로그램)을 구체적으로 현실화하기 위하여, 이와 같은 세부 요소들을 '어떻게 조합하면 좋을지', 그리고 '여러 가지 조합 방법들 중에서 보다 효율적이고 적합한 것은 어느 것인지'를 고민하고 판단하는 '논리적인 사고'가 필요합니다. 컴퓨터과학자들의 이러한 논리적인 사고 과정을 '컴퓨팅 사고력(Computational Thinking)'이라고 하며, 이는 프로그래밍의 세계에서뿐만 아니라, 일상생활과 직장 업무 속에서도 필요합니다. 아이들은 프로그래밍을 통해서 논리적 사고를 훈련할 수 있고 문제해결력을 기를 수 있습니다.

● 셋째, 다른 관점에서 세계를 바라보는 기회가 된다

우리는 사람과는 다른 존재물인 컴퓨터에 대해서 지시를 내리고, 자신의 뜻대로 움직이게 하기 위해서 프로그래밍 작업을 합니다. 즉 사람과 컴퓨터라는 전혀 다른 체계로 작동하는 두 존재들 사이의 가교 역할을 해 주는 것이 프로그램입니다. 이러한 가교 역할을 충실히 수행하기 위해서는 컴퓨터 자체에 대한 지식과 동작 원리, 그리고 컴퓨터로 무엇이 가능하고 무엇이 불가능할지를 잘 이해할 필요가 있습니다.

컴퓨터와 프로그래밍을 배우면 컴퓨터 이외의 세계를 두루 생각해 보게 될 것입니다. 사실 컴퓨터와 인간 사이의 가교 역할로서 프로그래밍을 배우는 것은, 자신과는 다른 생각을 갖고 있는 사람들과의 교류, 상이한 문화·나라의 사람들과 접촉해 보는 것과 비슷합니다.

'어떻게 하면 내가 전하고 싶은 것을 올바르게 전달할 수 있을까?', '어떻게 하면 상대방의 생각을 이해할 수 있을까?' 등등 서로 어디가 다르고 어디가 같은지, 어떤 역할이나 위치에 존재하는지 등 세계를 다양한 관점에서 생각해 볼 수 있는 동기가 됩니다.

프로그램으로 '지금까지 불편했던 작업을 편리하게 만들고 싶다', '지금까지 불가능했던 새로운 아이디어나 서비스를 실현하고 싶다'라고 생각하는 것은 해당 프로그램 이용자의 모습을 상상해 보는 것과 같습니다. 컴퓨터와 이용자를 효과적으로 연계시키기 위해서는 어떻게 하면 좋은지, 컴퓨터를 이용자에게 있어서 편리하고 미더운 존재로 만들기 위해서는 어떻게 하면 좋은지를 생각해 볼 필요가 있습니다. 이러한 생각들은 컴퓨터를 통해서 '사람과 사람 사이의 연결 다리'에 대해서 상상해 보는 것과도 관련되어 있습니다.

● 넷째, 인내심, 지구력과 창의력을 길러준다

프로그래밍은 그 자체가 창조적인 활동입니다. 다양한 형태의 작은 블록 부품들을 조합해 커다란 작품을 만드는 작업과 비슷하다고 할 수 있습니다. 정답은 한 가지만 존재하지 않으며, 사람들마다 다양한 방법으로 도전할 수 있습니다. 시행착오를 반복하면서 끈질기게 부품들을 조합해서 다른 누구의 것이 아닌, 자기 자신의 아이디어가 충만한 '작품'을 만들어 내는 작업은, 정말로 즐겁고 상상력을 무한히 자극해 줍니다.

아이들과 어른들이 즐기면서 작업하다 보면 어느덧 눈 깜짝할 사이에 시간이 지나가 버립니다. 프로그래밍을 통해서 자신도 모르는 사이에 인내심과 지구력, 창의력이 생기게 됩니다.

7 아이들에게 프로그래밍의 즐거움을!

지금까지 살펴보았듯이 현대사회에서 프로그래밍의 존재감은 나날이 확대되고 있습니다. 요즘 아이들, 그리고 앞으로 태어날 다음 세대 아이들에게 프로그래밍은 더욱 가까운 곳에 있는 존재할 것입니다. 다행스럽게도 프로그래밍은 마지못해서 배워야만 되는 '공부거리'가 아닙니다. 오히려 즐겁게 익힐 수 있고, 미래에 생존하기 위한 강력한 무기가 될 수 있습니다.

눈앞에는 수많은 편리한 도구들이 있으며, 그 도구의 사용법만 익히면 우리 삶의 환경을 바꿀 수 있습니다. 더구나 이런 도구들은 예전처럼 어두운 화면에 영어나 숫자로 명령어를 입력하는 방식만이 아니라, 게임이나 퍼즐놀이를 하듯 즐길 수 있는 것이 많이 제공되고 있습니다.

아이들이든 어른들이든 게임하는 것처럼, 또는 게임보다 더 즐겁게, 몰두할 수 있는 것이 프로그래밍입니다. 화면 속 캐릭터를 자유자재로 움직이게 하거나, 개인용 컴퓨터에 연결된 기기 또는 로봇을 제어할 수 있을 때 느끼는 성취감은 매우 특별할 것입니다.

이론은 필요 없습니다. 아이들에게 이런 즐거운 프로그래밍의 세계를 체험할 수 있게 해 주세요. 반드시 부모님과 아이들이 함께 프로그래밍의 세계로 뛰어드는 것이 좋습니다. 만약 여건이 허락하지 않는다면 프로그래밍 교실을 활용해 보는 것도 좋습니다. 2장에서는 프로그래밍 교육에 관한 최신 정보를 소개하겠습니다.

2장

최신

프로그래밍

교육 정보

① 컴퓨터와 태블릿을 사용하는 것만으로는 부족하다

한국과 일본에서는 컴퓨터가 널리 보급되어 여러 대를 소유하고 있는 집이 많습니다. 스마트폰은 물론이고, 태블릿을 가지고 있는 가정도 있습니다. 일상생활 속에서, 대중교통으로 이동하는 도중에, 또는 병원 대기실 등에서 아이들이 스마트폰이나 태블릿으로 뭔가를 즐기고 있는 모습을 쉽게 발견할 수 있습니다. 집에서 컴퓨터와 태블릿, 스마트폰을 사용해 웹을 검색하고 메시지를 읽거나 쓰고, 다양한 앱을 자유롭게 사용하는 초등학생들이 늘어나고 있습니다.

그렇다 보니 '이 정도로 IT기기를 일상적으로 사용할 수 있으면 됐지, 굳이 프로그래밍을 배우지 않아도 괜찮지 않을까?'라고 생각하는 부모님이나 아이들이 있을 것입니다. 그러나 컴퓨터와 태블릿의 사용법을 익혔다고 하더라도, '컴퓨터의 동작 원리와 구조를 이해하고 스스로 만든 프로그램으로 컴퓨터를 작동시켜서 새로운 가치를 창조하는 것'은 불가능합니다. 따라서 프로그래밍의 의무교육화가 논의 주제로 떠오르게 되었습니다.

프로그래밍을 교육에 도입하고 있는 국가들

최근에 특히 유럽과 미국을 중심으로 민간과 정부 차원에서 프로그래밍을 교육에 도입하려는 흐름이 가속화되고 있습니다. 늦게나마 한국과 일본에서도 프로그래밍 교육에 대한 논의가 진행되었는데, 이는 해외의 교육 상황이 적지 않게 영향을 주고 있습니다. 몇 가지 사례를 살펴보겠습니다.

| 미국 |

미국은 실리콘밸리를 중심으로 수많은 컴퓨터 관련 기업과 IT 관련 기업을 탄생시킨 굴지의 IT강대국입니다. IBM과 HP, 애플, 마이크로소프트, 트위터, 페이스북, 아마존 등 우리들이 알고 있는 이런 기업들은 모두 미국에서 탄생했습니다.

초·중·고교의 교육 현장에 컴퓨터를 매우 일찍 도입하여, 1980년대 초반에 이미 수많은 초등학교에 컴퓨터 실습실이 설치되었으며, 학생들이 컴퓨터를 사용해 과제를 하거나 수업을 받았습니다. 이러한 교육 형태를 당시에는 'CAI(Computer-Assisted Instruction: 컴퓨터 지원 교육)'라고 부르던 사람들도 많았습니다. 1982년에 이미 미국 전역 초등학교의 64.2%가, 중학교의 80.5%가 컴퓨터를 교실에 도입했습니다(같은 시기에 일본에서는 초등학교의 0.1%와 중학교의 1.6% 정도만 컴퓨터가 도입되었습니다).

　2013년 1월에는 '모든 이들에게 프로그래밍을'이라는 목표 아래 설립된 비영리조직 코드닷오알지가 미국 내에서 크게 주목받았습니다. 코드닷오알지는 '하루 한 시간씩 코딩을 하자'는 취지의 '아워 오브 코드(Hour of Code)'라는 캠페인을 벌였으며, 12월에 개최되는 컴퓨터과학교육주간 행사에서는 이 책의 앞부분에서 언급했던 바와 같이 오바마 대통령의 비디오 메시지('모두 함께 프로그래밍을 배워 봅시다')로 프로그래밍 교육에 동참하기를 호소했습니다.

💬 학교에서 프로그래밍의 기초를 가르치기 위해서 제공되는 교육 도구와 커리큘럼 세트, 코드 스튜디오.

코드닷오알지는 미국 전역의 교육 커리큘럼에 프로그래밍을 도입하는 것을 목표로 설립되었고, 2014년 9월에는 '코드 스튜디오(Code Studio)'를 공개했습니다. 코드 스튜디오는 유치원 원아부터 고등학생까지를 대상으로 학교에서 프로그래밍의 기초를 배울 수 있도록 구성된 교육 도구와 커리큘럼 세트입니다.

디즈니 애니메이션 「겨울왕국」처럼 아이들에게 친숙한 캐릭터들과 게임을 등장시켜, 아이들이 컴퓨터나 태블릿에서 웹브라우저를 사용해 즐겁게 프로그래밍의 기초를 배울 수 있도록 구성되어 있습니다. 교사용 계정으로 로그인하면, 학생의 학습 진도를 간단하게 살펴볼 수 있는 등 교육 기관에서 적극적으로 활용할 수 있도록 체계화되어 있습니다.

애플도 전 세계의 애플스토어에서 '아워 오브 코드' 워크숍을 개최해 수많은 아이들이 프로그래밍의 기초 지식에 접할 수 있도록 캠페인을 진행하고 있습니다.

마이크로소프트도 2014년 12월에 코드닷오알지와 유사한 '마이크로소프트 이매진(Microsoft Imagine)'이라는 프로그래밍 입문용 사이트(Imaginecup.com)를 만들었습니다.

지금 미국에서는 '21세기에 컴퓨터과학을 어떻게 가르칠 것인가'라는 교육적 측면이 예전보다 더 활발하게 논의되고 실행되고 있습니다. 한편, 코드닷오알지의 프로그래밍 교육 운동과 비슷한 시기에 뉴욕

주와 시카고 주를 비롯한 몇 개 주에서는 중학교와 고등학교에서 프로그래밍을 필수 과목으로 지정하려고 했습니다. 즉, 'IT분야의 인재 육성과 확보를 위한 프로그래밍 교육 도입'이 급속도로 진행되고 있습니다.

|영국|

영국은 IT교양을 중심으로 교육 현장에 컴퓨터를 도입하는 시도가 조기에 이루어졌으며, 미국의 '아워 오브 코드'에 자극을 받아서 '이어 오브 코드(Year of Code)'라는 민간 공동 캠페인이 시작되었습니다.

또한 2014년 9월부터는 모든 학생들에게 프로그래밍을 가르치기로 해 큰 화제를 모았습니다. 영국 정부는 수준 높은 컴퓨터 교육을 통해 학생들이 컴퓨터적인 사고 능력과 창조성을 익히는 것이 전 세계를 변화시키는 힘이 된다는 사실을 공유하고자 합니다. 컴퓨팅 사고력은 수학과 과학, 디자인, 기술 분야와 밀접하게 관련되어 있으며, 자연과 일상생활, 그리고 인공물에 대한 지식과 식견, 통찰력을 길러 준다는 점을 강조하고 있습니다.

이러한 영국 정부의 발표문에는 '컴퓨터 사용 방법을 익히는 것으로부터 프로그래밍을 포함한 컴퓨터과학 전체에 대해 학습하는 것으로'라는 내용이 담겨 미국보다 훨씬 더 열성적으로 교육적인 논의가 이루어지고 있습니다.

최근 영국에서는 지금까지 ICT라는 개념을 중심으로 수행되어 왔던 IT교양교육에 대해서, 학생들이 '소용없다', '시시하다'라고 부정적으로 반응하는 경우가 많았다고 합니다. 이러한 문제점에 대해서 영국 왕립협회는 2012년에 발표한 보고서에서 이후에는 ICT라는 용어를 적극적으로 사용하지 않도록 장려하고, 교육자는 지금까지의 ICT교육을 구성하는 '교양교육', '컴퓨터과학', '정보공학'을 확실하게 구별해 각각의 요소들을 철저하게 교육할 것을 강조하고 있습니다. 영국은 단순히 IT교양 교육만이 아니라, 프로그래밍과 컴퓨터과학도 종합적으로 가르치는 방향으로 진일보하고 있습니다.

동시에 영국 정부는 부족한 교사 육성에도 심혈을 기울이고 있습니다. 프로그래밍을 가르치는 교사를 육성하는 사업에 약 50만 파운드(8억 5000만 원)를 투입하도록 결정했습니다.

미국 및 영국과 비슷한 형태로, 다른 나라들에서도 프로그래밍 교육을 도입하고 있습니다(다음의 표 참조). 다음의 표에서 전부 소개하지 못한 사례들도 많습니다만, 세계 각국에서 프로그래밍의 중요성을 인식하고 교육에 적극적으로 도입하고 있습니다.

세계 여러 국가들의 도입 사례

| 핀란드 |

2016년부터 초등생의 프로그래밍 수업을 필수 과목으로 지정. 초등학교 1~2학년부터 게임 만들기 등을 통해서 프로그래밍을 경험함으로써 국민 전체의 컴퓨터 사회에 대한 이해와 기술력 향상을 장기적으로 수행.

| 이스라엘 |

1995년에 이스라엘 개방대학의 주디스 갤에이저 교수가 '고등학교에서 컴퓨터의 구조와 프로그래밍을 가르쳐야 한다'라는 논문을 발표. 이 논문을 토대로 2000년에 컴퓨터과학교사센터가 탄생했고, 고교생들에게 최소한 매주 1시간 이상 컴퓨터과학과 프로그래밍을 교육하고 있음.

| 뉴질랜드 |

장기간에 걸쳐서 교육에 컴퓨터 도입을 활발하게 진행하고 있는 나라들 중의 하나. 교육자 단체(NZACDITT)가 중학교에 컴퓨터과학과 정보기술 도입을 열성적으로 수행 중.

| 싱가포르 |

IT에 의한 국제경쟁력을 높이기 위해서, 공립학교에 프로그래밍 수업을 적극적으로 도입하려고 검토 중.

| 에스토니아 |

정부로부터 지원을 받는 단체(Tiger Leap Foundation)가 추진하는 프로젝트에 따라서, 초등학교부터 프로그래밍 교육 도입을 진행 중(아직 필수 과목으로 지정되지는 않았음).

한국의 소프트웨어 교육

한국도 기존의 컴퓨터와 소프트웨어 사용 방법을 중심으로 하는 교육에서 탈피해 코딩을 중심으로 소프트웨어 교육의 중요성을 인식하기 시작했습니다. 이에 '2015년 개정 교육과정'에서 소프트웨어 교육을 대폭 강화하기로 했습니다.

이에 따라 초등학교는 놀이 중심의 알고리즘과 교육용 도구를 활용한 프로그래밍을 체험하도록 합니다. 2019년부터 '실과' 교과의 정보통신기술 활용 중심의 내용을 소프트웨어 기초 소양 교육으로 확대 개편합니다. 중학교에서는 2018년부터 선택인 '정보' 과목을 필수 과목으로 지정하고 모든 중학생이 프로그래밍과 알고리즘을 배우도록 할 계획입니다. 고등학교에서는 2018년부터 심화선택과목인 '정보'를 소프트웨어 중심으로 개편하고 일반선택과목으로 전환합니다. 지금까지 특성화고등학교에서만 배울 수 있었던 '정보' 과목은 이제 인문계고등학교에서도 배울 수 있게 되는 것입니다.

한편, 미래창조과학부에서는 대학 교육을 소프트웨어 중심으로 혁신함으로서, 학생·기업·사회의 SW경쟁력을 강화하고, 진정한 SW 가치의 확산을 실현하는 '소프트웨어 중심대학'을 선정해 운영합니다 (2015년 8개 대학, 2017년 16개 대학, 2019년 20개 대학 선정 예정/ 자세한 내용은 www.software.kr 참조). 이에 2015년에 처음으로 'SW(소프트웨어)

중심대학' 8개교를 지정합니다. 초·중·고교 대상 'SW선도학교'를 현행 160개에서 2016년에는 900개교로 확대했습니다. SW마이스터고도 현재 1개 교에서 2017년까지 3개 교로 늘립니다.

소프트웨어 교육 선도학교로 선정되려면 2015년 2월 교육부가 발표한 지침에 따라 정규 교육과정에서 일정 시간 이상 소프트웨어 교육을 진행해야 합니다. 초등학교는 '실과' 과목과 창의적 체험 활동을 통해 연간 17시간 이상, 중학교는 '정보' 과목과 창의적 체험 활동에서 연간 34시간 이상 소프트웨어 교육을 운영해야 하며, 고등학교의 경우 정보 관련 과목을 편성해야 합니다.

한편, 한국에서 대학교들이 소프트웨어 특기생 선발을 확대할 조짐을 보이면서 일부 교육특구를 중심으로 과외 바람이 불고 있다는 소식도 들었습니다. 입시에서 벗어나지 못한다면 프로그래밍 교육에 한계

구분	현행	개편안	주요 개편 방향
초등학교 (2019년~)	실과 내 ICT 단원 (12시간)	실과 내 SW 기초교육 실시 (17시간 이상)	• 문제해결과정, 알고리즘, 프로그래밍 체험 • 정보윤리의식 함양
중학교 (2018년~)	정보 과목 (선택교과)	정보 과목 34시간 이상 (필수교과)	• 컴퓨팅사고 기반 문제해결 실시 • 간단한 알고리즘, 프로그래밍 개발
고등학교 (2018년~)	정보 과목 (심화선택 과목)	정보 과목 (일반선택 과목)	• 다양한 분야와 융합하여 알고리즘, 프로그램 설계

가 있습니다. 특히 '줄 세우기'에 급급한 한국의 입시 위주 교육 제도에서는 소프트웨어 교육도 '하나의 구호'에 그칠 수밖에 없습니다.

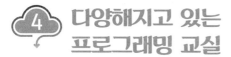

④ 다양해지고 있는 프로그래밍 교실

최근에는 학교뿐 아니라 여러 기업들과 비영리 단체들이 적극적으로 교육 프로젝트에 참가해 다양한 형태로 프로그래밍 교육이 도입되고 있습니다.

자녀가 코딩을 비롯한 프로그래밍에 흥미와 재능을 보이면 정부나 삼성전자·네이버·SK커뮤니케이션즈·넥슨 등 기업이 운영하는 각종 프로그램에 참여시킬 수 있습니다. 소프트웨어 인력이 필요한 업체들이 사회 공헌 차원에서 진행하는 프로그램이 더러 있습니다. 방과 후 수업에서 코딩 기본 익히기, 아두이노를 활용한 소프트웨어와 하드웨어 융합 등을 가르칩니다. 방학 때는 소프트웨어 캠프도 운영되는데, 참가 가능한 학생 수가 제한적이지만 관심을 가질 만합니다.

온라인을 통해서도 쉽게 코딩을 경험해 볼 수 있습니다. 네이버에서는 코딩 입문자를 위한 〈소프트웨어야 놀자〉 프로그램을 진행 중이고, 코드닷오알지의 인터넷 강의도 한국어로 번역돼 제공되고 있습니다. 최근에는 각종 열린교육 사이트를 통해서 각자 수준에 맞는 코딩 관련 강의를 찾아볼 수 있습니다.

현재 개최되고 있는 아이들을 위한 프로그래밍 기초 교실은 대략적으로 다음과 같이 구성되어 있습니다.

▪ 프로그래밍 입문

간단한 예를 이용하여 프로그래밍 환경 사용법과 프로그램 작성 방법을 배웁니다.

▪ 아이디어 고안

무엇을 만들 것인지 생각해 봅니다.

▪ 실제 제작

생각해 낸 아이디어를 형태화해 봅니다.

▪ 제작 결과물 발표

어떤 부분을 궁리해 보았는지 발표합니다.

보통 프로그래밍 교실은 이와 같은 흐름으로 진행되며, 아이들에게 어려운 부분을 요구하는 경우는 없습니다. 참가한 아이들 전원이 각자 가지고 있는 아이디어를 바탕으로 프로그램을 만듭니다. 오류를 찾아내서 고치고 개량해 갈 수 있도록, 특히 낙오자가 발생하지 않도록, 주제와 목표는 비교적 낮은 수준으로 설정됩니다. 한편, 이해가 빨라서

교육 프로그램	URL	교육내용
	주관기관	
미래부 SW 창의캠프 "SW CREW"	http:// www.software.kr	초·중학생의 SW 및 프로그래밍에 대한 흥미와 관심을 제고하고, 학부모가 자녀의 SW 학습을 권장할 수 있는 인식을 가질 수 있도록 미래창조과학부의 SW인재 저변확충 프로그램(컴퓨터과학놀이활동, 교육용 프로그래밍 언어 실습, 피지컬 컴퓨팅) 실시.
	미래창조과학부 한국과학창의재단	
SW교육 봉사단	https://ko-kr.facebook. com/swkorea.org	토요일 오후나 방과 후에 근처 초중고교에서 원하는 학생들을 위하여 컴퓨터 프로그래밍 교육을 자원봉사 형태로 실시.
	SW교육봉사단	
네이버 소프트웨어야 놀자 주간	http://campaign.naver. com/codingweek/	네이버가 콘텐츠 제작·보급을 통해 학생들에게 다양한 학습 기회를 제공하는 '소프트웨어야 놀자' 캠페인(학생·학부모 대상으로 Entry프로그래밍 언어를 활용한 교육, 교사 양성프로그램), 특별미션 도전 행사 등을 실시.
	네이버, ㈜엔트리코리아 미래창조과학부 교육부	
삼성전자 주니어 소프트웨어 아카데미	https://my.juniorsw.com/	미래인재를 키우는 삼성전자의 사회공헌 프로그램. 4개과정(Creating과정/Solving과정/Making과정/ Coding과정)을 제공하여 4가지 역량(창의력, 문제해결력, 융합능력, 논리력)을 향상. 난이도에 따라 수업은 7개로 분할. 수업은 일주일에 한 번, 2시간씩 12~16주 동안 진행.
	삼성전자	
다음카카오 언플러그드 데이	http://www.daumkakao. com	제주도 내 교사와 학생들에게 창의적인 IT교육의 체험 기회를 제공하고 학교 현장에서 이를 확산하도록 지원하기 위한 소프트웨어 활용 시범 수업, 학생 워크숍(피지컬 컴퓨팅분야/언플러그드분야/ 스마트디바이스분야/SW교육체험), 교사 세미나 등을 진행. 2011년부터 매년 1회씩 개최.
	다음카카오/ 제주국제 교육정보원 제주대학교교육대학 제주교육정보화연구회 창의컴퓨팅 연구회	
SK플래닛 Code Sprint	http://codesprint.skplanet. com	전 세계에 있는 학생, 직장인 구분 없이 누구나 참가 가능한 온라인 프로그래밍 경진 대회. 지정된 운영 기간에 홈페이지의 참가 메뉴를 통해 온라인으로 답안을 제출하여 참여 가능.
	SK플래닛	
KODU Classroom Korea	http://www.microsoft.com/ ko-kr/events/k12imagine/ campsinclass.aspx	전국 100여개 초등학교와 중학교, 총 2,300여 학생이 함께 하는 가상교실 행사 진행. 마이크로소프트의 코두(KODU)라는 툴을 통해서 코딩교육을 진행. 참가자 전원에게 이매진컵 주니어 참가 자격, 코두 스튜던트 키트, 자격증 수여.
	한국 마이크로소프트	

먼저 앞서 가는 아이들을 제약하거나 제한하는 경우는 없고 오히려 마음 껏 뻗어 나갈 수 있도록 자유롭게 프로그램을 만들어 보라고 합니다.

여기서 주목해야 할 점은, 이러한 움직임이 단순히 '한국의 프로그 래머 인구를 늘리자'는 목적에만 한정된다면 안타깝다는 점입니다. 단 순히 선생님이 교과서에 따라서 프로그래밍 방법에 대해서 강의하는 것만으로는 컴퓨터과학이나 프로그래밍이 원래 가지고 있는 즐거움과 창조적인 측면을 전달하기 어렵기 때문입니다. 즉 교사나 강사가 학생 들에게 일방적으로 가르치거나, 컴퓨터의 구조와 동작 원리, 프로그래 밍에 대해서 상명하달식으로 수업해서는 안 됩니다.

'프로그래밍의 즐거움을 여러 학생들에게 알려 주고 싶다. 선생님 들이 예상하지도 못한 참신한 아이디어를 생각해 내서 발전시키고 구 현할 수 있게 하자'라는 철학이 담긴 교육, 그리고 '컴퓨터과학과 프로 그래밍의 즐거움을 학생들에게 전하고 싶다'는 생각을 갖고 있는 선생 님들이 교육 현장에 많이 등장해야 합니다.

'앞으로 프로그래밍을 누가 어떻게 가르칠까?', '교과로서의 프로그 래밍은 점수 평가 방식이 과연 어울릴까?' 등과 같은 관점도 철저하게 논의되어야 할 것입니다.

프로그래밍 교실에서는 '수업'과 '공부'가 아니라, 프로그래밍을 통 해서 논리적으로 생각하는 힘, 사물을 분석할 수 있는 힘, 다른 사람들 에게 자신의 생각을 전달하는 힘을 익히는 교육이 실시되어야 합니다.

가르쳐 준대로 해보는 것이 아니라, 자신의 생각대로 물건을 만들어 보는 즐거움을 만끽할 수 있어야 합니다. 결코 프로그래밍의 본래 목적을 상실해서는 안 될 것입니다.

5 프로그래머가 되는 것이 목적일까?

지금까지 살펴본 바와 같이 아이들을 위한 프로그래밍 교육이 곳곳에서 도입되기 시작했습니다. 그러나 아시다시피 이러한 활동의 목적은 '모든 국민들을 프로그래머로 만들자'가 아닙니다.

물론 아이들이 프로그램을 만들고 다양한 시스템과 제품, 서비스를 개발하고 싶다거나, 나중에 크면 프로그램을 만드는 직업을 생업으로 삼고 싶다고 결심한다면 매우 바람직합니다. 꼭 응원해 주어야 할 것입니다. 또 아이들이 배우는 과정 속에서 프로그램과 컴퓨터의 창조적인 측면에 강한 호기심을 느껴 진심으로 프로그래밍이 즐겁다고 생각하게 된다면 좋은 일입니다.

하지만 프로그래밍을 배우는 기회를 경험한 아이들의 대부분은 프로그래밍 기술을 익혔지만, 장래에 직접 프로그램을 만드는 직업을 갖지 않을 수도 있습니다. 그렇다고 하더라도, 그 나름대로 좋습니다. 수학을 배우는 것은 꼭 수학자가 되기 위해서가 아닙니다. 과학도 마찬가지입니다. 이 세상의 만물은 수와 계산, 물리 및 화학 현상 등과 관련되어 있으며, 일상생활이나 경제 활동, 공업 제품 등과도 깊은 관련성이 있습니다.

우리 모두가 모든 전문지식을 갖출 필요는 없을 것입니다. 그러나 각각의 학문 분야가 어떻게 우리 생활에 관련되어 있는지, 기초적인 지식과 개념을 파악하는 것은 중요합니다. 또한, 배우는 과정을 통해서 얻을 수 있는 것에도 매우 커다란 가치가 있습니다.

예를 들어, 영어를 배우면 자기 나라와 언어를 객관적으로 파악할 수 있는 동기가 되고, 다양한 인종, 사상, 문화 속에서 자신의 위치에 대해서 생각해 볼 수 있는 좋은 기회가 되기도 합니다. 프로그래밍도 마찬가지입니다. 학교, 워크숍, 프로그래밍 교실 등, 어느 곳에서든 그곳에서 배운 기초적인 지식과 개념, 학습과정을 통해서 얻은 경험은 아이들에게 커다란 자산이 됩니다.

20세기 후반과 비교해 보아도, 지금 우리 생활 구석구석에는 컴퓨터와 프로그래밍에 관련된 것들이 깊숙이 자리 잡고 있습니다. 프로그래밍을 배운 아이들이 장래에 어떤 직업을 갖든지, 그리고 어떤 형태로 사회와 관련을 맺든지 간에 프로그래밍 교육에 의해 길러진 힘이 크게 도움이 될 것입니다.

부모와 자녀가 함께 배우면 얻게 되는 장점들

지금까지 설명한 바와 같이 경제적·지리적 여건이 허락한다면 지금 당장 아이들에게 체험의 기회를 만들어 주는 것이 좋습니다. 그러나 주변에 적당한 '교육 공간'이나 '교육 기회'가 없거나, 혹은 아이들이 흥미 있어 하는지를 살펴보고 싶다면, 부모님들이 움직여야 합니다. 부모님들이 솔선하여 프로그래밍의 기초에 대해서 아이들에게 가르쳐 주기 바랍니다.

'그렇게 하고 싶지만, 내 자신이 프로그래밍에 대해서 전혀 알지도 못하는데…'라고 걱정하는 부모님들도 괜찮습니다. 다음의 3장에서는 '프로그래밍'의 기본 개념에 대해서 최대한 이해하기 쉽게 설명하고 있습니다. 더불어 어른들이 프로그래밍을 배우면 아이들과 마찬가지로 얻을 수 있는 장점이 많습니다.

- 커다란 문제를 보다 작은 문제들의 조합으로 분해할 수 있는 분석력
- 작은 부품들을 효과적으로 조립함으로써, 커다란 목표를 달성할 수 있는 논리적 사고력
- 제품이나 서비스를 제공하는 쪽과 사용하는 쪽 등등, 서로 다른 관점을 가진 사람들을 효과적으로 연결할 수 있는 능력

프로그램을 만드는 행위를 통해서 체득할 수 있는 위와 같은 능력들은 다양한 비즈니스 현장에서도 틀림없이 도움이 됩니다. 제품 개발이나 서비스, 기획, 영업, 경영 등 어떠한 분야도 목표를 정하고 상세한 작업들로 세분화하여, 어떤 조합으로 구성하면 가장 효율적이고 최대의 효과를 얻을 수 있는지를 생각하여 기획·실행하는 일련의 제반 과정은 다르지 않습니다. 최종적으로 이용자에게 편리한 제품을 만들기 위해서 지혜를 모으는 것, 이것이 바로 프로그래밍 작업입니다. 프로그래밍은 매력이 넘쳐나는 작업입니다. 주말에 게임하듯이 자녀들과 함께 프로그래밍을 해 보는 것도 매우 즐거울 겁니다.

3장

프로그래밍이란

무엇인가?

1 부모와 자녀가 함께 프로그래밍을!

"엄마 아빠, 도대체 '프로그래밍'이 뭐에요? 가르쳐 주세요!"

동서고금을 막론하고, 부모된 사람은 자식 앞에서 멋진 부모가 되고 싶어합니다. 아이들 앞에서 창피 당하지 않고 체면을 차리고 싶어집니다.

그러나 아이들은 우리들 부모 세대와는 다른 환경에서 자랐습니다. 공중전화부스가 즐비하게 늘어서 있는 광경은 보지도 못했고, 모든 사람들이 휴대전화와 스마트폰을 갖고 있는 것이 당연하다고 여깁니다. 비디오테이프나 카세트테이프와 같은 미디어에 대해서도 거의 모르고 동영상은 스트리밍으로 보고 음악은 다운로드해서 듣는 것이라고 생각합니다. 휴대용 게임기는 와이파이에 연결되는 것이 상식이라고 생각하고 있고, 일상적으로 웹을 검색하고 전화 통화보다는 문자 메시지나 SNS를 사용하는 것이 편리하다고 생각합니다. 지금의 아이들은 이렇게 바뀐 세상에서 하루하루를 보내고 자극을 받으며 성장하고 있습니다. 아이들은 일상생활 속에서 어려움 없이 '정보 교양'을 익히고 있습니다.

이런 상황에서 추천하는 것은 부모와 자녀가 함께 프로그래밍을 배우는 것입니다. 체면 같은 것은 생각하지 맙시다. 물론 '모두 프로그래머가 되자'는 것은 아닙니다. 지금부터 두꺼운 프로그래밍 입문서와 씨름하거나, 암호처럼 보이는 프로그램 코드를 독수리 타법으로 입력하고, 초조해하면서 에러 메시지와 고군분투할 필요는 없습니다.

'프로그래밍이 뭐에요?', '일상생활 속에서 우리가 미처 알지도 못한 채, 실행하고 있는 프로그래밍은 어떤 것인가요?' 등과 같은 의문들에 대해서 우선 조금씩 이해해 보도록 합시다. 지금까지는 단지 사용하기만 했던 기술과 서비스, 그리고 제품들의 작동 원리를 알고 '이렇게 움직이는구나!' 하는 재미도 맛볼 것입니다.

아이들과 함께 배워 보면, 지금 이 시대를 살아가는 아이들이 무의식적으로 익숙해져 있는 감각을 이해하고 공감하는 데 도움이 될 것입니다. 아이들과 같은 눈높이에서 프로그래밍 세계에 대한 이해를 높여가다 보면, 부모와 자녀 사이에 이보다 더 멋진 커뮤니케이션은 없을 겁니다. 아이들은 눈 깜짝할 사이에 자발적으로 배우고, 언젠가는 부모가 이해하지도 못할 지식을 체득하는 날이 올 것입니다. 이보다 더 기쁜 일이 어디 있겠습니까?

아이들에게 프로그래밍의 즐거움을 알려 주기 위해서, 부모님 스스로 프로그래밍이라는 신세계로 여행을 시작해 봅시다.

'프로그래밍'이란 무엇인가?

다시 한 번 '프로그래밍'이란 무엇인지 생각해 봅시다. 왠지 터무니없이 어렵고, 배워도 잘 모를 것 같은 분야로 여길 수도 있겠습니다만, 차분히 생각해 보면 단순합니다.

'프로그래밍이란 프로그램을 작성하는 작업이다.'

그렇다면 '프로그램'이란 무엇일까요?

'프로그램은 컴퓨터에게 처리시킬 작업을 컴퓨터가 이해할 수 있도록 작성한 작업지시서 같은 것이다.'

그렇습니다. 컴퓨터를 자신이 생각하는 대로 조종하고 작동시켜서 어떤 목적을 달성하기 위해 그 수단으로서 프로그램(소프트웨어)을 작성하는데, 이러한 작업이 프로그래밍입니다.

컴퓨터는 '계산기'입니다. 계산과 연산을 지정된 순서에 따라서, 그러나 인간과는 비교도 할 수 없는 초고속으로 수행해 주는 기계(하드웨어)입니다.

컴퓨터는 계산 능력이 어느 정도로 대단할까요? 슈퍼컴퓨터에 관한 뉴스를 들어 본 적이 있을 겁니다. 원주율(파이 값)·계산에 관한 내용이 자주 등장하곤 합니다.

컴퓨터 여명기인 1949년 당시에는, 에니악(ENIAC)이라는 거대한 컴

```
3.14159265358979323846264338327950288419716939937510582097494459230781640628620899862803482534211706798214808651328230664709384460955058223172535940812848111745028410270193852110555964462294895493038196442881097566593344612847564823378678316527120190914564856692346034861045432664821339360726024917127372458706606031558817488152092096282925409171536436789259036001133053054882046652138414695194151160943305727036575959195309218611738193261179310511854807446237996274956735188575272489122793818301194912983367336244065664308602139494639522473719070217986094370277053921717629317675238467481846766940513200056812714526356082778577134275778909173637178721468440901224953430146549585371050792279689258923542019956112129021960864034418159813629774771309960518707211349999998372978049951059731732816096318595024459455346908302642522308253344685035261931188171010003137838752886587533208381420617177669147303598253490428755468731159562863882353787593751957781857780532171226806613001927876611195909216420198938095257201065485863278865936153381827968230301952035301852968995773622599413891249721775283479131515574857242454150695950829533116861727855889075098381754637464939319255060400927701671139009848824012858361603563707660104710181942955596198946767837449448255379774726847104047534646208046684259069491293313677028989152104752162056966024058038150193511253382430035587640247496473263914199272604269922796782354781636009341721641219924586315030286182974555706749838505494588586926995690927210797509302955321165344987202755960236480665499119881834797753566369807426542527862551181847574672890977727938000816470600161452249192173217147723501414419735685481613611573525252133475741849468438523323907394143334547762416862518983569485562099219222184272550254256887671790494601653466804988627232791786085784383827967976681454100953883786360950680064225125205117392984896084128488626945604241965285022106611863067442786220391949450471237137869609563643719128746776465757396241389086583264599581339047802759009
```

🗨 소수점 이하 2000자리까지의 원주율 값: 저자의 노트북 컴퓨터를 사용해, 6초 정도 계산한 소수점 이하 3000자리까지의 원주율 값에서 발췌.

퓨터를 사용하여 70시간 동안 원주율 계산을 수행시켜도 소수점 이하 2035자리까지밖에 구할 수 없었습니다. 그런데 2013년에는 개인용 컴퓨터를 사용하여 94일간에 걸쳐서 소수점 이하 12조 1000만 자리까지 원주율을 계산할 수 있었습니다. 너무나도 자릿수가 많아서, 결과값이 어떻게 되는지 파악하기 어려운 지경에 이르게 되었습니다.

　이 말을 들은 여러분들은 '도대체 94일이 뭐가 빠르다는 거야?'라고 생각할 수도 있을 겁니다. 그러나 94일간 쉬거나 잠자지 않고 오로지 계산만 할 수 있는 사람은 이 세상에 존재하지 않습니다.

　"야, 정말로 컴퓨터는 훌륭하네!" 예, 확실히 그렇습니다. 그러나 진정으로 훌륭한 것은 오히려 인간입니다. 지시한 대로만 계산하는 기계에게 어떻게 작업하라고 지시하는 것은 인간입니다. 어떻게 하면 계산 오류 없이, 그리고 빠르고 효율적으로 원주율 값을 계산할 수 있을까? 컴퓨터가 이해 가능한 작업지시서(프로그램)를 작성해서 컴퓨터에서 실행시키는 주체는, 다름 아닌 '인간'입니다.

1980년대 'Dr. 퍼스컴'이라는 애칭으로 일본에서 유명했던, 미야네가 요시미치 씨는 "컴퓨터는 소프트웨어가 없으면 단지 기계 상자에 불과하다"라는 명언을 남겼습니다. 프로그래밍이란 엄격하고 융통성이 없는 컴퓨터를 자신의 뜻대로 조종하여, 인간의 능력으로는 해결할 수 없는 것을 실현하기 위해서 이용하는, 고도의 지적 창조 작업입니다.

 프로그램의 어원

'프로그램'이라고 하면, 컴퓨터에 대한 명령 순서(소프트웨어)를 주로 가리키며, 컴퓨터는 프로그램에 의해 계산 및 처리를 수행하는 기계(하드웨어)입니다. 그러나 프로그램이라는 단어는 컴퓨터가 이 세상에 등장하기 전부터 존재하고 있었습니다.

예를 들어, 프로그램이라는 낱말을 입학식이나 졸업식, 결혼식 또는 운동회, 콘서트, 텔레비전 방송, 헬스장 등에서도 사용하고 있습니다. 음악 연주회에서의 연주곡 순서 또는 방송 순서, 그리고 어떤 행위를 수행하는 절차 등, 미리 정해 놓은 순서와 절차를 모아서 정리해 놓은 것을 프로그램이라고 부릅니다(그림 3.1). 또한 이러한 프로그램을 작성해 놓은 종이 또는 팸플릿을 프로그램이라고도 부릅니다. 이른바 '수행 목록', '처리 순서', '처리 절차' 등이 프로그램에 해당됩니다.

1. 개회식
   1.1 개회 선언, 학생 입장
   1.2 교가 제창
   1.3 교장 선생님 인사 말씀
   1.4 학부모회 회장 축사
   1.5 학생 대표 선수 선언
   1.6 준비 체조(전체)
   1.7 학생 퇴장

2. 경기·경연(전반부)
   2.1 1학년 50m 달리기
   2.2 4학년 댄스경연
      ⋮

그림3.1 초등학교 운동회 프로그램의 예.

프로그램(Programme)이라는 말은 고대 그리스 시대로 거슬러 올라가 보면, '미리(pro-) 작성해 놓은 것(-gramme)'이라는 의미로 구성되어 있습니다. 따라서 '행사 또는 작업을 이와 같은 절차로 진행한다'라고 작성해 놓은 순서가 프로그램이며, '컴퓨터에게 이와 같은 절차로 작동시킨다'라고 미리 작성해 놓은 절차도 또한 프로그램입니다.

오늘날 프로그램과 프로그래밍이라는 단어에 대해서 적절한 번역어는 없습니다. 1970년대 일본 일부에서는 '프로그램: 산보(셈 算, 적다 譜)', '프로그래밍: 작보(지을 作, 족보 譜)'라고 번역해 사용한 적이 있습니다. 중국에서는 프로그램을 '정서(程序, 순서·절차라는 뜻)', 프로그래밍을 '정서설계(程序设计)'라고 표기합니다. 각 용어들에 대한 이해를 돕기 위해서 좀 더 자세히 해석해 보면, '산보(算譜) = 계산 순서를 나타낸 도감', '정서(程序) = 계산 과정을 순서적으로 작성해 놓은 것'이 됩니다. 해당 한자들을 잘 살펴보면 프로그램과 프로그래밍에 대한 의미를 이해할 수 있습니다.

 ## 4 프로그래밍과 심부름

프로그래밍에 대해서 좀 더 구체적으로 살펴보기 위해서 아이들에게 심부름을 시키는 예를 생각해 봅시다. 심부름 내용이 '프로그램'이고, 심부름하는 아이가 '컴퓨터'라고 생각해 보세요. 심부름의 목적은 부모님이 필요로 하는 물건을 틀리지 않게 구입해 안전하게 집으로 가지고 돌아오는 것입니다.

만약, 심부름하는 사람이 어른이라면 심부름의 지시 내용은 "오늘 저녁식사의 식재료를 사 오세요"라고 하면 될 것입니다. 이런 심부름을 부탁받은 사람(어른)은 스스로 여러 가지 사항들을 결정할 수 있을 것입니다. 우선 냉장고 속의 내용물들을 체크해서 무엇을 구입해야 되는지 판단해서 메모합니다. 근처에 가까운 슈퍼마켓을 머릿속에 떠올리면서, 전단지 또는 웹 검색으로 가격을 체크하고, 품절된 물품이 있으면 근처에 있는 다른 곳으로 가 볼 것인가를 결정할 것입니다. 그리고 저녁식사 조리를 시작할 때까지의 시간과 가게까지의 거리, 현재 날씨 등을 종합적으로 고려하여 교통수단(도보, 자전거, 자가용, 버스 등)을 선택하는 등, '자기 나름대로' 진행합니다.

그러나 심부름하는 사람이 초등학교 저학년 아이라면 어떻게 해야 할까요? 앞서 설명한 바와 같이, 아이가 혼자서 스스로 생각하고 판단해 심부름을 할 것이라고 기대하기 어려울 것입니다. 그렇다면 어떻게 하면 좋을까요?

우리 집 부엌과 냉장고에 들어 있는 식재료 이외에 구입해야만 하는 식재료가 무엇인지, 어느 정도 양이 필요한지, 아이가 혼자서 들고 올 수 있는 무게가 되는지, 그리고 식재료의 이름을 아이가 알고 있는지, 구입할 물품에 표시되어 있는 제품 정보 표기 내용을 아이가 읽고 이해할 수 있는지, 품질과 가격 측면에서 어느 슈퍼마켓에 가서 구입하면 좋은지, 가격과 중량이 서로 다른 동종 물품이 여러 종류 있을 경우 어느 것을 구입할지, 어떤 교통수단을 이용해서 어느 경로로 다녀오면 가장 안전한지 등 심부름에 관련된 모든 사항들을 고려하여, 다음과 같이 아이에게 말로 하거나 메모지에 적어서 전달할 것입니다.

"똘똘아, 오늘 저녁에는 맛있는 요리를 할 거야. 밀가루, 두부, 돼지고기 삼겹살, 그리고 마요네즈를 사서 와~.'

이때 아이가 사 와야 하는 4가지 식재료에 대해서 보다 상세하게 설명해 주는 것이 좋습니다.

"밀가루는 '강력분'이라고 적혀 있는 것으로 1kg에 2,500원보다 비싸지 않은 것으로 사다 줘.'

"두부는 '순두부'라고 적혀 있는 것으로 사 오고, 혹시 없으면 '찌개용 두부'를 사다 줘. 그리고 두부는 많이 필요 없으니까 가장 작은 것으로 사 오면 돼."

"돼지고기 삼겹살은 200g만 사 와.'

"마요네즈는 400g짜리 '1/2하프'라고 적혀 있는 것으로 부탁해."

그리고 슈퍼마켓에 다녀오는 길이 걱정되므로,

"○○ 슈퍼까지는 항상 네가 다니는 학교 가는 길로 조심해서 다녀와야 해."

"다른 곳에 들렀다가 늦게 오지 말고, 저녁 6시까지는 돌아와야 해."

또한 심부름 품목 중에서 팔지 않는 것이 있으면 아이가 곤란해지므로 한마디 더합니다.

"만약에 슈퍼에서 팔지 않는 것이 있으면 사지 않아도 괜찮다."

날씨가 좋지 않을 경우에는 또 한마디 하게 됩니다.

"비가 내릴지도 모르니까 우산을 가지고 가도록 해라."

아이가 심부름하러 가서 어떻게 해야 될지 모를 경우를 대비해서, 최후 수단으로서의 조언을 알려 주면 더 좋습니다.

"어떻게 해야 될지 잘 모를 경우에는, 슈퍼 주인 아저씨나 아주머니에게 물어보도록 해. 물어봐도 잘 모르거나 심부름하다가 무슨 일이 일어나거든, 사 오지 않아도 좋으니까 얼른 집으로 돌아와."

심부름을 무사히 성공적으로 완수하기 위해, 아이가 알아들을 수 있는 단어를 사용해, 아이가 이해 가능한 내용으로, 아이의 심정으로 생각해서, 아이에게 지시사항을 전달합니다. 발생할 수 있는 가능성을 열거하여 예측하지 못한 사태가 일어났을 때, 곤란해지지 않도록 최후 수단도 알려 줍니다.

위의 내용을 메모장에 기입하여 아이에게 준다고 한다면, 어떻게 작성하면 좋을까요? 좀 더 간결하게 요점만을 정리해서 주면 아이도 이해하기 쉬워질 것입니다(그림3.2).

컴퓨터 프로그래밍도 기본적으로 이와 같습니다. 자신이 달성하고

● 다녀와야 하는 곳
　• ○○슈퍼
　• 항상 다니는 등굣길을 통해서 슈퍼까지 갈 것
　　다른 곳에 들르는 것은 안 됨

● 가져가야 하는 것
　• 지갑
　• 장바구니
　• 우산

● 사서 와야 하는 것
　• 밀가루 1봉지
　　-강력분
　　-1kg
　　-2,500원 이하
　• 두부 1팩
　　-순두부 또는 찌개용 두부
　　-판매하고 있는 것들 중에서 가장 작은 것
　• 돼지고기 삼겹살 1팩
　　-200g에 가장 가까운 것
　• 마요네즈1개
　　-400g
　　-1/2 하프

● 팔지 않을 경우
　• 사 오지 않아도 됨

● 잘 모르는 경우
　• 가게 주인에게 물어봄
　• 그래도 모르겠다면 그냥 집으로 돌아옴

💬 그림3.2 심부름 메모의 예.

싶은 목표를, 인간이 아닌 '컴퓨터'라는 기계에게 지시하여 수행하도록 하는 것입니다. 이를 위해서 컴퓨터에 오해 없이 전달하여 성실하게 순서대로 처리·작동하도록 하고, 혹시 예기치 못한 사태가 발생하더라도 정지하지 않도록, 컴퓨터가 이해할 수 있는 형태로 엄밀하게 작성한 작업지시서가 바로 프로그램입니다.

사람에게 의사전달을 하는 경우에도, 그리고 컴퓨터 프로그래밍에서도, 상대방이 이해할 수 있도록 상대방의 기분을 생각하고 오해하지 않도록 전달하는 것이 중요합니다.

 ## 프로그래밍과 자동판매기

프로그래밍을 이해하기 위해 여러분들도 익숙하게 사용해 본 경험이 있는 '자동판매기'에 대해서 생각해 봅시다. 사실은 여러분들이 자주 사용하고 있는 자동판매기에도 프로그램이 작동하고 있습니다.

자동판매기의 가장 기본적인 기능은 상품의 보관과 판매, 그리고 금액 계산입니다. 손님이 현금을 얼마 투입했는지, 투입 금액으로 구입 가능한 상품은 어느 것인지, 그리고 거스름돈은 얼마가 되는지 등 금액 계산 및 자동판매기 내부의 상품 관리에 프로그램이 큰 역할을 하고 있습니다. 일련의 흐름을 머릿속에 그려 보면서, 음료 자동판매기가 어떤 처리를 하고 있는지 작성해 보도록 합시다.

- 자동판매기에 상품(음료)이 들어 있나?

  → 들어 있지 않다면, 해당 상품의 '품절' 램프를 점등한다.

- 손님이 투입한 현금은 얼마인가?

  → 동전이 투입될 때마다 투입 금액의 합계액을 확인한다.

- 투입 금액으로 구입할 수 있는 상품은 무엇인가?

  → 구입 가능한 상품의 '구입 가능' 램프를 점등한다.

- 손님이 선택한 버튼은 어떤 상품인가? 그 상품은 구입 가능한가?

  → 투입 금액으로 구입할 수 있는 상품은 품절 상태가 아닌가?

  → 구입 가능 상품의 버튼이 선택되면, 상품을 배출한다.

- 거스름돈은 있나? 거스름돈이 있으면 얼마인가?

  → 거스름돈이 있으면 해당 금액의 현금을 배출한다.

조금 생각해 보는 것만으로도 위와 같이 나열할 수 있습니다. 실제로, 자동판매기는 더 많은 사항들을 판별하고 동작하도록 프로그래밍되어 있습니다. 그 밖에 어떤 사항들을 주의해야 하는지 열거해 보겠습니다.

- 거스름돈(동전)이 부족한 경우에는 어떻게 하나?

- 현금이 투입된 후에 한참 동안 아무런 버튼도 선택되지 않은 경우에는 어떻게 하나?
- 도중에 '반환' 버튼을 선택한 경우에는 어떻게 하나?
- 동전 투입 도중 또는 상품 배출 도중에 막혀 버린 경우에는 어떻게 하나?

실제 자동판매기에는 슬롯머신처럼 '당첨' 기능이 내장되어 있거나, '따뜻한 음료'와 '시원한 음료'와 같은 '온도 관리' 기능이 제공되는 경우도 있으며, 알코올 음료와 담배의 경우에는 '구입자 연령 확인' 기능 등 보다 많은 판단과 처리를 수행합니다. 그리고 이 항목들은 보다 상세한 동작과 처리들의 조합에 의해 구성됩니다.

지금까지 살펴본 바와 같이, 자동판매기에서 음료 1개를 구입하는 행동에도 프로그램이 크게 관련되어 있습니다.

자동발매기와 프로그래밍

저자가 오래전부터 수집하고 있는 잡지 『수학세미나』의 1969년 10월호에는 자동발매기를 주제로 한 흥미진진한 기사가 실려 있습니다. 「자동발매기의 지능」이라는 기사로, 1955년경에 실제로 사용된 자동발매기로 실험한 결과와 고찰 내용이 실려 있었습니다. 그 내용을 잠깐 소개하겠습니다.

일본에서는 옛날에 지금처럼 다양한 종류의 승차권을 판매하는 것이 아니라, '150원권 승차권'을 판매하는 전용 자동발매기가 있었습니다. 이 발매기에서는 50원 동전과 100원 동전만을 사용할 수 있으며, 투입한 동전의 합계 금액이 150원 이상이 되면, 자동적으로 '150원권 승차권'이 나옵니다.

이 발매기에 동전을 투입하는 경우, 어떤 순서를 생각해 볼 수 있을까요? 그리고 이 발매기에서 나오는 거스름돈은 몇 원이 될까요?

- [50원 동전 → 50원 동전 → 50원 동전] : 150원

  → 150원권 승차권이 배출된다. 거스름돈은 없다.

- [100원 동전 → 50원 동전] : 150원

  → 150원권 승차권이 배출된다. 거스름돈은 없다.

- [50원 동전 → 100원 동전] : 150원

  → 150원권 승차권이 배출된다. 거스름돈은 없다.

- [100원 동전 → 100원 동전] : 200원

  → 150원권 승차권과 거스름돈 50원이 배출된다.

그런데 사실은 위에 나열된 사항들 외에 동전을 투입하는 순서가 한 가지 더 있습니다. 과연 무엇일까요?

 ## 자동발매기에서 발생한 오류

누락된 나머지 한 가지 동전 투입 순서를 찾아내셨는지요?

- [50원 동전 → 50원 동전 → 100원 동전] : 200원

  → 150원권 승차권과 거스름돈 50원이 배출된다.

이것이 누락되어 있었습니다.

그런데 『수학세미나』 잡지의 기사 내용에 나온 실제 자동발매기에서는 위와 같은 순서로 동전을 투입했을 때, 승차권은 배출되지만 거스름돈은 나오지 않았다고 합니다. 오히려 기사 내용에는 '자동발매기 설계자가 위와 같은 이상한 순서(50원 동전 → 50원 동전 → 100원 동전)로 동전을 투입하는 사람까지 고려해야 한다면 끝이 없다. 이런 이상한 순서로 동전을 투입한 사람이 잘못한 것이라고 여기는 것이 당연했을 것이다'라는 유머러스한 내용이 실려 있었습니다.

옛날에는 자동발매기에 투입한 동전의 합계 금액을 계산하기 위해

서 오늘날과 같은 컴퓨터가 사용되지 않았습니다. 그 대신에 어떤 동전이 어떤 순서로 투입되는지 생각해 볼 수 있는 모든 조합들에 맞추어서 각각 기계적으로 처리했던 것입니다. 그러나 이러한 이상한 순서(50원 동전 → 50원 동전 → 100원 동전)로 동전을 투입해서 '거스름돈이 반환되지 않는' 조합에 대해서는 설계자가 '승차권을 구입하는 사람이 설마 이런 순서로 동전을 투입하지는 않겠지'라고 생각하고 고려하지 않은 것입니다. 또는 고려하긴 했으나 다른 사정이 있어서 처리할 수 없었을지도 모릅니다.

앞서 등장했던 '150원권 승차권 전용 자동발매기'가 어떤 식으로 작동하는지 그림으로 설명해 보겠습니다(그림3.3).

원래 '50원+50원' 상태에서 100원 동전이 투입되면, '50원+50원+100원' 상태가 되며 승차권과 거스름돈 50원을 배출해야 됩니다. 이러한 사항이 누락되어 있었기 때문에 자동발매기는 거스름돈 50원을 배출하지 못한 것입니다.

8 상태천이도와 상태천이표로 정리하자

〈그림3.3〉을 '상태천이도'라고 부르며, 기계나 프로그램이 어떻게

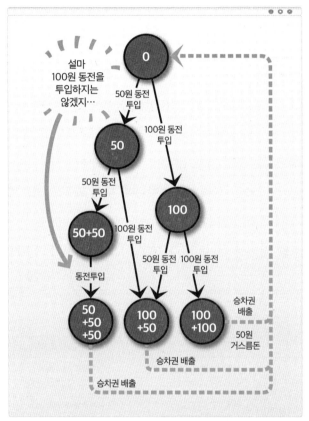

설마
100원 동전을
투입하지는
않겠지…

0

50원 동전
투입

100원 동전
투입

50

50원 동전
투입

100

100원 동전
투입

50+50

100원 동전
투입

50원 동전
투입

100원 동전
투입

동전투입

50
+50
+50

100
+50

100
+100

승차권
배출

50원
거스름돈

승차권 배출

승차권 배출

💬 그림3.3 『수학세미나』 기사에 게재된 자동발권기의 처리 흐름.
맨 위쪽의 '0'부분에서 시작하여, 투입한 동전의 금액에
따른 상태 변화를 표현한 상태천이도.

작동하는지, 어떤 상태를 가질 수 있는지를 정리하기 위해 사용합니다. 프로그래밍 작업에서는 이와 같은 그림이나 표를 활용하면서 생각을 정리하는 것이 중요합니다.

앞서 살펴보았던 바와 같이 '50원 동전을 투입하고, 그다음에 다시 50원 동전을 넣고, …'와 같이 분기하면서 생각해 보는 대신에 '지금까지 투입한 금액의 합계는 얼마일까?'라는 점에 주목하여, 정확히 동작하는 자동발매기의 상태천이도를 작성해 보도록 합시다(그림3.4).

자동발매기는 투입 합계 금액이 '0원' 상태에서 시작되어, 50원 동전이 투입되면 '50원' 상태로 천이합니다. 다시 50원 동전을 투입하면, '100원' 상태로 천이합니다. 만일, '0원' 상태일 때 100원 동전을 투입해도 '100원' 상태로 천이됩니다. 또한 처음부터 '50원 → 50원 → 100

		이벤트	
		50원 동전 투입	100원 동전 투입
상태	(0원)	아무것도 하지 않음. → (50원) 상태로 천이	아무것도 하지 않음. → (100원) 상태로 천이
	(50원)	아무것도 하지 않음. → (100원) 상태로 천이	승차권을 배출함. → (0원) 상태로 천이
	(100원)	승차권을 배출함. → (0원) 상태로 천이	승차권과 거스름돈 50원을 배출함. → (0원) 상태로 천이

💬 '어떤 상태에서, 어떤 이벤트가 발생하면 어떤 일이 일어나는가?' 그리고 '그다음에는 어떤 상태로 천이하는가?'를 표 형태로 표현한 상태천이표.

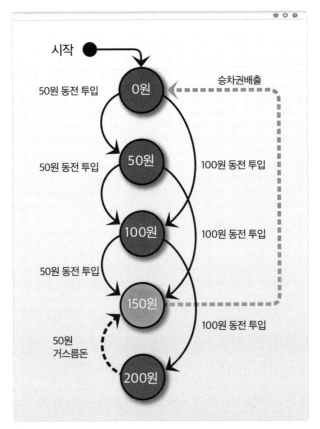

시작

50원 동전 투입 → 0원 ← 승차권배출

50원 동전 투입 → 50원 ← 100원 동전 투입

100원 동전 투입 → 100원 ← 100원 동전 투입

50원 동전 투입 → 150원

50원 거스름돈 ← 100원 동전 투입

200원

💬 그림3.4 그림3.3과 다른 관점에서 작성된 상태천이도.
(원 안의 금액은 합계 금액으로 '상태'를 나타냄)

원'과 같은 순서로 동전을 투입한다면, '200원' 상태로 천이하고 거스름돈 50원이 배출됩니다. 〈그림3.3〉에서는 상태를 나타내는 원은 단순히 '투입한 동전이 무엇인지'를 나타낼 뿐이었습니다. 그러나 〈그림 3.4〉의 상태천이도에서는 원이 '투입한 동전의 현시점에서 합계 금액'을 나타내고 있습니다. 이와 같이 자동발매기의 상태천이도를 작성하면, 합계 금액이라는 '상태'에 의해 투입 금액을 파악할 수 있게 됩니다.

상태천이도는 '실제로 어떠한 방침으로 프로그래밍 작업을 할 것인지', '어떤 식으로 프로그램을 만들어 갈 것인지'를 생각할 때, 컴퓨터의 상태(앞의 예에서는 해당 시점에서 투입된 합계 금액이 얼마인지를 나타내는 상태)를 정리하기 위해 자주 사용합니다.

이러한 상태천이도와 대응하는 것으로서 '상태천이표'라는 것도 있습니다. 상태천이표는 '상태'(해당 시점에서 투입된 합계 금액이 얼마인지를 나타냄)와 '이벤트'(동전을 투입하는 행위)의 조합을 토대로, '어떤 상태에서, 어떤 이벤트가 발생하면 어떤 일이 일어나는가?', 그리고 '그다음에는 어떤 상태로 천이하는가?'를 표 형태로 나타낸 것입니다.

'상태'와 '이벤트'를 표 형태로 표현해 보면, 사람의 눈으로만 보면서 간과하거나 누락시킨 부분을 찾아낼 수 있는 장점이 있습니다.

흐름도와 프로그램의 기본 부품

프로그래밍에 관해서 좀 더 깊이 이해하기 위하여, 앞서 살펴본 '150원권 승차권 전용 자동발매기'의 동작 흐름을 상태천이와는 다른 새로운 관점에서 살펴보겠습니다.

프로그램에 대해서 생각할 경우, '흐름도(Flow Chart)'를 사용하는 경우가 있습니다. 흐름도는, '컴퓨터가 이러한 순서로 작동한다'라는 처리 흐름을 그림으로 표현한 것입니다. 흐름도는 실제로 작성할 프로그램의 처리 흐름과 유사하기 때문에 많이 사용됩니다. 프로그램 이외의 분야에서도 업무 처리 또는 작업의 흐름을 정리해서 표현하기 위해 자주 이용되므로, '작업흐름도'라든가 '업무처리흐름도'와 같은 명칭으로 어디선가 보았거나 들어본 적이 있을 겁니다.

'150원권 승차권 전용 자동발매기'의 동작을 흐름도로 작성해 보면 〈그림3.5〉와 같이 됩니다.

직사각형(□)은 '처리'라고 부르는 부품으로서, 작업 및 계산 등의 처리를 수행하는 것을 나타냅니다. 이 예에서는 '투입 금액의 합계를 계산한다', '거스름돈을 계산한다' 등이 '처리'에 해당합니다.

또한, 마름모(◇)는 '조건 분기'라고 부르는 부품입니다. '만약, ○○가 참이라면 이쪽으로, 참이 아니라면(즉, 거짓이라면) 저쪽으로' 등과 같이 어떤 조건의 성립 여부에 따라서 처리 흐름을 분기시킵니

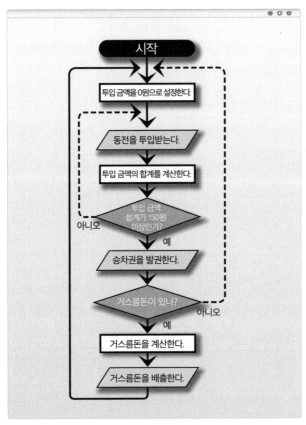

그림3.5 흐름도를 사용해 자동발매기의 동작을 정리.

다. 이 예에서는 '투입 금액 합계가 150원 이상인가?'와 '거스름돈이 있나?'가 '조건 분기'에 해당합니다.

평행사변형(⁄ ⁄)은 '입력 및 출력'을 나타냅니다. 즉, 흐름도의 대상(자동발매기)에서 수행되는 입력 처리나 출력 처리를 나타냅니다. 이 예에서는 '동전을 투입받는다'가 입력 처리이고 '승차권을 발권한다'와 '거스름돈을 배출한다'가 출력 처리에 해당합니다.

흐름도는 프로그램의 흐름과 핵심 처리 내용을 이해하기 쉬운 형태로 표현한 그림입니다. '150원 승차권 전용 자동발매기'라는 매우 단순한 동작을 수행하는 프로그램이므로, 〈그림3.5〉의 흐름도는 매우 간결한 처리 흐름으로 구성되어 있습니다. 그러나 이와 같은 간단한 예에서도 프로그램의 가장 기본이 되는 구성 요소들과 부품들이 모두 사용되고 있습니다.

⑩ 프로그래밍의 기본이 되는 구성 요소들

어떤 프로그램이라도 세부적으로 분해해 보면 다음과 같은 3가지 기본 요소들로 구성되어 있습니다.

- **처리**(또는 '순차 처리')

  컴퓨터가 수행하는 계산이나 작업

- **분기**(또는 '조건 분기')

  어떤 조건이 성립하는 경우와 성립하지 않는 경우에 맞추어서,
  처리의 흐름을 변경시키는 처리

- **반복**

  어떤 조건이 성립하는 동안, 정해진 일련의 처리들을 반복해서
  수행하는 처리

프로그램은 이와 같은 3가지 기본 요소들을 구조적으로 조합하고
결합하여 작성됩니다. 앞서 살펴본 자동발매기 프로그램의 예에서는
'거스름돈이 있다면 거스름돈을 배출하고, 거스름돈이 없다면 배출하
지 않는다', '투입 금액 합계가 150원 이상이 될 때까지 동전을 반복해
서 투입받는다'와 같은, 분기와 반복 요소가 사용되고 있습니다.

프로그래밍하는 사람은 우선 이 3가지 기본 요소들을 조합한 프로
그램을 1개의 처리로 통합합니다. 그리고 이런 통합된 프로그램들을
여러 개 만들어서 계층적·구조적으로 조립하여, 보다 큰 규모의 프로
그램을 만드는 것입니다.

이와 같은 '계층화' 및 '구조화'는 프로그래밍에 있어서 매우 중요
한 의미를 갖습니다. 프로그램을 조합하여 구조화하면, 프로그램은 보

다 이해하기 쉽고 관리하기 수월하게 됩니다. 이런 식으로 프로그램을 만드는 방법을 1969년에 '구조화 프로그래밍'이라는 이름으로 최초로 제창한 사람은 네덜란드의 컴퓨터과학자 에츠허르 비버 데이크스트라입니다.

앞서 살펴보았던 '심부름'의 예로 '계층화'와 '구조화'에 대해서 좀 더 자세하게 설명하겠습니다.

밀가루는 '강력분'이라고 적혀 있는 1kg짜리로, 2,500원보다 비싸지 않은 것으로 사다 줘.

이 부분을 다음과 같이 변환해 보겠습니다.

[처리] 2500원 이하로 판매하고 있는 강력분 1kg을 찾아서 장바구니에 담는다.

이 '처리'는 보다 작은 '처리', '분기', '반복'으로 구성되어 있습니다. 시험 삼아서 강력분을 선택해서 구입하는 부분을 상세하게 분해해서 작성해 보겠습니다. 단, 이런 방법으로 작성한 결과물이 유일한 정답이라고 단정할 수는 없습니다. 이밖에도 다른 방법들이 존재할 수 있기 때문입니다.

[처리] 밀가루 판매 코너를 찾는다.

[처리] 판매 중인 밀가루 제품들 중에서 1kg이면서 2,500원 이하의 강력분을 찾는다.

[분기] 이런 조건에 해당하는 상품이 있는가?

[처리] 있다면, 1개 선택해서 장바구니에 넣는다.

[처리] 없다면, 사지 않는다.

위의 '[처리]' 부분들은 다시, 보다 작은 '처리', '분기', '반복'으로 구성되어 있습니다. 예를 들면, '[처리] 밀가루 판매 코너를 찾는다'는 다음과 같이 됩니다.

[분기] 밀가루 판매 코너가 어디 있는지 이미 알고 있나?

[처리] 알고 있다면, 해당 코너로 향한다.

[처리] 모르고 있다면, 점원에게 물어본다.

이와 유사한 방법을 적용하여, '[처리] 판매 중인 밀가루 제품들 중에서, 1kg이면서 2,500원 이하의 강력분을 찾는다'를 보다 상세하게 분해하면, 다음과 같은 조합이 됩니다.

[반복] 판매 코너에 있는 모든 밀가루 제품들에 대해서 다음을 반복한다.

[분기1] 이 밀가루는 '강력분'인가?

    [처리] 강력분이면, [분기2]로 향한다.

    [처리] 그렇지 않으면, 구입 후보에서 제외시키고 다음 번 밀가루로 향한다.

[분기2] 이 강력분은 1kg이라고 적혀 있나?

    [처리] 1kg이면, [분기3]으로 향한다.

    [처리] 그렇지 않으면, 구입 후보에서 제외시키고, 다음 번 밀가루로 향한다.

[분기3] 이 강력분의 가격은 2500원 이하인가?

    [처리] 2,500원 이하이면, 구입 후보에 넣는다.

    [처리] 그렇지 않으면, 구입 후보에서 제외시키고 다음 번 밀가루로 향한다.

[처리] 구입 후보들 중에서 1개를 선택해 장바구니에 넣는다.

이와 같이, 컴퓨터에 지시할 '처리'는 보다 상세한 '처리', '분기', '반복'의 조합으로 분해할 수 있습니다. 바꾸어 말하면, 프로그램은 컴퓨터가 이해할 수 있는 단순한 명령들을 조합하여 큰 규모로 쌓아 올려서 만든 것입니다.

알고리즘이란 무엇인가?

프로그래밍을 수행할 때 없어서는 안 되는 것으로 '알고리즘 (Algorithm)'이라는 것이 있습니다. 과연 '알고리즘'이란 무엇일까요?

알고리즘은 '문제를 해결하기 위한 순서 또는 절차를 표현한 것'입니다. 지금까지 설명한 프로그램과 비슷한 것인데, 한마디로 정리하면 다음과 같습니다. '문제 해결을 위한 처리 순서 또는 처리절차를 표현한 것이 알고리즘이고, 이런 알고리즘을 토대로 컴퓨터가 이해할 수 있는 형태로 작성한 것이 바로 프로그램'입니다. 알고리즘에 대해서 보다 상세히 살펴보겠습니다.

예를 들어, '1부터 100까지의 정수들을 모두 더한 결과를 계산하시오'라는 문제를 생각해 봅시다. 〈그림3.6〉을 먼저 살펴봅시다.

두 가지 해결 방법들 중에서 어느 쪽이든 계산 실수를 하지 않는 한, '1부터 100까지의 합계 결과'를 올바르게 구할 수 있습니다. 계산에 걸리는 시간도 그다지 많이 필요하지 않을 것 같습니다. 그렇다면, 어떤 방법이 더 계산하기 수월하며, 계산 실수를 줄일 수 있을까요?

해결방법1과 해결방법2는 모두 문제를 해결하는 절차와 방법이라는 의미에서 알고리즘입니다. 그리고 어느 쪽 방법이든 올바른 답을 구할 수 있습니다. 그러나 해결방법1은 99번 덧셈을 해야만 하는 반면, 해결방법2에서는 덧셈 한 번과 곱셈 한 번, 그리고 나눗셈 한 번만 수

<해결방법1>

1부터 100까지의 모든 수를 순차적으로 더해 간다.

$$1 + 2 = 3$$
$$3 + 3 = 6$$
$$6 + 4 = 10$$
$$10 + 5 = 15$$
$$15 + 6 = 21$$
$$......$$
$$......$$
$$4753 + 98 = 4851$$
$$4851 + 99 = 4950$$
$$4950 + 100 = 5050$$

<해결방법2>

등차수열의 합에 관한 공식을 사용한다.

1	2	3	4	......	47	48	49	50
+	+	+	+		+	+	+	+
100	99	98	97	......	54	53	52	51
‖	‖	‖	‖		‖	‖	‖	‖
101	101	101	101		101	101	101	101

$$101 \times 50 = 5050$$

💬 그림3.6 1부터 100까지의 합계를 구하는 경우, 여러 가지 해결 방법이 있으며 각각 얼마나 수고스러운가가 전혀 다르다.

행하면 답을 구할 수 있습니다.

1부터 100까지가 아니라, 1부터 10000까지의 합을 구하는 문제라면 어떻게 될까요? 해결방법1에서는 9999번의 덧셈이 필요하지만, 해결방법2에서는 변함없이 덧셈 한 번과 곱셈 한 번, 그리고 나눗셈 한 번만 수행하면 답이 나옵니다.

해결방법1의 알고리즘(모든 수를 순차적으로 더해서 답을 구한다)에 비해서 해결방법2의 알고리즘(등차수열의 합에 관한 공식을 사용하여 답을 구한다)이 더 편하고 더 빨리 답을 구할 수 있다는 의미에서 '좋은 알고리즘'이라고 할 수 있습니다.

프로그래밍 세계에서도 이와 똑같은 상황이 있습니다. 컴퓨터를 사용해 달성하려는 목표가 있습니다. 그렇다면 그 목표를 어떻게 효율적이고 오류가 발생하지 않도록 달성하면 좋은지, 그 구체적인 처리 순서(알고리즘)를 생각해야 합니다. 경우에 따라서는 여러 개의 알고리즘들 중에서 가장 좋다고 생각하는 것을 선택해, 컴퓨터가 이해할 수 있는 형태의 작업지시서(프로그램)를 작성합니다.

즉, 알고리즘이란 문제를 해결하는 처리 순서이며, 알고리즘을 컴퓨터가 이해하도록 모순 없이 정교하게 표현한 것이 프로그램입니다.

참고로 3장 앞 부분에서는 프로그램과 프로그래밍의 일본어 및 중국어 번역[일본어에서는 '프로그램 : 산보(算譜)', '프로그래밍 : 작보(作譜)', 중국어에서는 '프로그램 : 정서(程序)', '프로그래밍 : 정서설계(程序设计)'라고

함]에 대해서 소개했는데, 알고리즘은 흥미롭게도 일본어와 중국어에서 공통적으로 '算法(산법)'이라고 합니다. '譜(보)'라는 한자는 '음악을 음표로 바꾸어 표현한 것'이라는 의미뿐만 아니라, '계보(系譜)', '연보(年譜)' 등에서 사용되는 '순서 및 계통을 세워서 작성한 것'이라는 의미도 있습니다. 즉, '算譜(산보: 프로그램)'은 '算法(산법, 알고리즘)을 순서 및 계통을 세워서 작성한 것'이 됩니다.

일상생활 속의 알고리즘

일상생활 속에도 알고리즘이 많이 내재되어 있습니다. 사람들은 아침에 일어나면서부터 저녁에 잠자리에 들기까지 다양한 행동 속에서 무의식중에 알고리즘(문제를 해결하는 순서 및 절차)을 생각하고 행동하고 있습니다. 몇 가지 예를 들어 보도록 하겠습니다.

| 책가방 싸기 |

예를 들어 아이들이 학교에 등교할 때, 교과서와 노트, 필기도구, 체육복, 미술도구 세트 등을 가지고 갑니다. 이러한 준비물들을 책가방에 넣거나, 또는 직접 손에 들고 가거나, 아니면 또 다른 보조가방에 넣어서 어깨에 메고 가는 경우도 있습니다. 이때, 무엇을 어떤 가방에 어떤 순서로 넣으면 '결과적으로 들고 가는 가방이 가장 적어질까?', 또는 '가지고 가기 편해질까?'를 생각하게 됩니다. 이때 생각하게 되는 '순서'가, 컴퓨터과학 분야에서 다루고 있는 '배낭 문제(Knapsack problem, 동적최적화 문제)' 또는 '상자채우기 문제'라고 부르는, 문제를 해결하는 훌륭한 알고리즘입니다.

| 이동경로 생각하기 |

지하철을 이용해 출퇴근할 때 항상 이용하는 이동경로가 사고 때문

<1단계> 사전의 페이지를 적당히 펼쳐서 수록되어 있는 단어를 살펴본다.

<2단계> 그 페이지가 '프'보다 앞에 있는 단어로 시작된다면, 보다 뒤쪽 페이지를 적당히 펼쳐서 <1단계>로 돌아간다.

<3단계> 그 페이지가 '프'보다 뒤에 있는 단어로 시작된다면, 보다 앞쪽 페이지를 적당히 펼쳐서 <1단계>로 돌아간다.

<4단계> 그 페이지가 '프'로 시작된다면,

　<4.1단계> 그 페이지에 수록되어 있는 단어를 다시 한 번 잘 살펴본다.

　<4.2단계> 그 페이지가 '프로'보다 앞에 있는 단어로 시작된다면, 보다 뒤쪽 페이지를 적당히 펼쳐서 <4.1단계>로 돌아간다.

　<4.3단계> 그 페이지가 '프로'보다 뒤에 있는 단어로 시작된다면, 보다 앞쪽 페이지를 적당히 펼쳐서 <4.1단계>로 돌아간다.

　<4.4단계> 그 페이지가 '프로'…

　　　　　……

💬 그림3.7 사전을 찾는 행위 속에도 알고리즘이 내재되어 있다.

에 폐쇄된 경우에는, 보통 때와 다르게 도보나 버스 또는 택시를 이용해 출근시각에 늦지 않도록 다른 이동경로를 생각해야 합니다. 지갑속 현금과 교통카드 잔액을 고려해, 어떤 경로가 교통비가 가장 저렴하게 들 것인지도 생각할 필요가 있습니다. 이와 같은 '이동경로 생각하기'는, 최단경로 또는 최선경로를 찾아내는 알고리즘에 해당합니다.

│ 사전에서 단어 찾기 │

아이가 (종이로 된) 국어사전을 펼쳐서 모르는 단어의 의미를 찾으려는 경우가 있습니다. '프로그래밍'이라는 단어를 사전에서 찾을 때 어떤 식으로 찾던가요?

〈그림3.7〉과 같이 어순관계를 사용해 사전 속을 이동하면서 프로그래밍이라는 단어가 있는 페이지를 찾습니다.

실제로는 사전의 옆면에 가나다 순서로 '색인(index)'이 인쇄되어 있으므로, 이것을 이용하여 맨 처음에는 'ㅍ' 색인이 붙어 있는 곳의 모음 'ㅡ' 부분에 해당할 것 같은 부분을 선택해 사전을 펼치게 됩니다.

이런 식의 '사전을 펼치는 행위'도 '이분탐색법'이라고 부르는 '알고리즘'입니다. 물론, 맨 첫 페이지로부터 순차적으로 한 페이지씩 살펴보면서 단어를 찾는 귀찮은 방법도 일종의 '알고리즘'에 해당하며, 이러한 알고리즘은 '효율이 나쁜 알고리즘'입니다.

| 효율 좋게 요리하기 |

부엌에서 저녁식사 준비를 하는 경우를 생각해 봅시다. 오늘은 세 종류의 요리를 만들 생각인데, 한 종류씩 순차적으로 만들면 시간이 너무 오래 걸립니다. 따라서 세 종류 각각의 요리에 대한 조리 순서와 예상 소요 시간을 고려하여 어떻게 조리를 진행하면 좋을지를 생각하고, 2구 가스레인지와 생선구이용 스토브, 그리고 전자레인지 등을 잘 사용해 재료 준비와 조리를 동시에 합니다. 이러한 경우는 '병행 스케줄링'이라고 부르는 알고리즘에 해당합니다.

또한, 각각의 요리에 대한 조리법은 '맛있는 요리를 만드는 순서'라는 알고리즘입니다. 당연히 식재료 준비와 손질 방법, 조리 방법과 순서, 조미료 첨가 등이 완성된 요리의 맛과 겉모양에 영향을 줍니다.

이상에서 살펴본 바와 같이, 문제를 해결하는 순서와 절차인 알고리즘은 프로그래밍 세계뿐만 아니라, 우리들의 일상생활 속에도 깊숙히 관련되어 있습니다.

그리고, 알고리즘은 단 1개만 존재하지 않습니다. 지금까지 우리들이 일상에서 수행해 왔던 순서나 절차보다 훨씬 효율이 좋고, 오류가 없으며, 빨리 완수할 수 있는 새로운 순서 또는 절차, 즉 '좋은 알고리즘'을 발견할 수도 있습니다.

프로그램의 '품질'이란?

좋은 알고리즘이 있다면, 당연히 좋은 프로그램이 있습니다. 그렇다면, 프로그램의 좋고 나쁨, 즉 '프로그램의 품질'이란 무엇일까요? 예를 들면, 아이가 앞으로 프로그래밍을 익혀서 프로그램을 만들었다고 합시다. 부모님들께서는 그것을 보고, 무엇을 기준으로 "좋은 프로그램이네!"라고 말할 수 있을까요? 이에 대해서는 다양한 의견이 있으나, 제가 생각하는 '좋은 프로그램'의 핵심은 다음과 같습니다.

- 목적을 실현할 수 있도록 과하거나 부족하지 않게 정확히 프로그래밍되어 있다.

3장의 앞부분에 설명했던 '심부름'의 예에서, 심부름의 목적(필요한 것을 구입해 오는 것)이 정확하게 만족되어 있음을 의미합니다.

- 버그(오류)가 없다.

이것은 말할 것도 없습니다. 식재료를 사 와야 되는데 '전철 역 앞에 있는 구둣가게에 다녀와라' 하고 잘못된 심부름을 시키거나, '강력분'을 사 오라고 했는데 '중력분'을 사 온다면 안되겠지요.

- 어떤 고장이 발생하더라도 정지하지 않고 대응할 수 있도록 되어

있다.

'잘 모르겠거나 곤란한 일이 일어나거든 곧바로 집으로 돌아와라'
하고 말했던 부분이 바로 이에 해당합니다.

- 컴퓨터의 자원(계산 능력과 기억 장소)과 시간을 지나치게 헛되게
  사용하지 않는다.

효율 좋은 알고리즘과 비슷한 내용입니다. 심부름을 부탁하는 경우
에는 아이를 쓸데없이 혼란스럽게 하거나, 시간이 많이 걸리는 일은
부탁하지 않아야 합니다.

또한 프로그램의 품질에 관해서는 다음과 같은 사항들에 대해서도
고려해야 합니다.

- 프로그램이 읽기 쉽게 작성되어 있다.

프로그램이 어떻게 작성되어 있는지 파악하기 어렵다면, 프로그램
작성자 본인 또는 다른 사람들이 수정해야 하는 경우에 곤란하게 됩니
다. 이해하기 쉽게 프로그램을 작성할 필요가 있습니다.

- 이용자가 사용하기 쉽다.

아무리 프로그램 작성법이 우수하더라도, 사용하는 사람에게 불편

하면 이익은 고사하고 본전도 찾지 못하게 됩니다.

- 추후에 기능을 추가하거나 변경하려고 할 때, 수월하게 작업할
  수 있도록 프로그램이 만들어졌다.

기능을 추가 또는 변경하는 경우에, 처음부터 다시 작성하는 것은
비효율적입니다. 한번 작성된 프로그램을 사용이 끝나면 버리는 것이
아니라, 추후에 변경하기 쉽도록 만들 필요가 있습니다.

이 밖에도 디자인 등에 대해서 고려하는 경우도 있으나, 무엇보다
도 위에서 열거한 사항들을 기억해야 합니다.

14 컴퓨터가 이해할 수 있는 명령과 프로그래밍

여기서는 '컴퓨터' 자체에 대해서 조금 더 살펴보겠습니다. 아이가
혼란스러워하지 않도록 심부름을 시키기 위해서는 먼저 아이의 심정
을 이해하는 것과 마찬가지로, 컴퓨터가 이해하기 쉬운 프로그램을 작
성하기 위해서는 컴퓨터를 조금이라도 더 이해할 필요가 있습니다.

컴퓨터의 심장부는 CPU(Central Processing Unit. 중앙처리장치)라고
부릅니다. 인간의 두뇌에 해당하며, CPU가 없으면 컴퓨터로서 작동하

지 않습니다. 모든 프로그램은 최종적으로 CPU가 이해할 수 있는 명령들로 상세하게 분해되어 CPU에 전달되며, 그 결과 컴퓨터가 프로그램대로 움직입니다.

그러면 CPU가 이해할 수 있는 명령이란 어떤 것일까요? CPU는 기술의 진보에 의해 연산 속도가 향상되고 있을 뿐만 아니라, 최신 기술이 집약되어 수십 년 전과는 비교할 수 없을 정도로 고성능화되고 있습니다. 그러나 사실, 기본적인 기능은 예전과 다를 바 없습니다. CPU는 다음과 같이 매우 단순한 작업만 가능합니다.

- **연산**[사칙 연산 및 비트(bit) 연산 등의 기본적인 숫자값 연산과 논리 연산]
- **데이터의 이동**(숫자값의 입력과 출력)
- **실행제어**(조건 분기 등)

스마트폰을 기울이거나 두드리면서 즐기는 게임, 온라인뱅킹시스템, 자동차 내비게이션, 전자레인지, 개인용 컴퓨터의 표계산 소프트웨어, 통신위성, 웹 브라우저, 인터넷예약시스템 등 컴퓨터에서 작동하는 다양한 프로그램들을 끝까지 파고들어서 분해해 보면, 이 3가지 기능들을 작동시키는 기본적인 명령들이 조합되어 있습니다.

지금은 프로그래밍할 때 이 정도 수준까지 상세하게 분해한 명령들을 사람이 직접 작성하는 경우는(극히 일부 분야를 제외하고는) 거의 없습니다. 일반적인 '프로그래밍'에서는 '라이브러리'와 '함수'라고 부르는 것들을 활용하거나, 사람이 읽기 수월하도록 간단한 명령으로 프로그램을 작성한 후에 컴퓨터가 직접 이해 가능한 명령으로 변환하는 방식을 이용합니다. 라이브러리와 함수는 컴퓨터가 직접 이해할 수 있는 기본적인 명령 등을 조합하여 쌓아올려서 큰 규모의 처리를 수행하는 부품입니다.

프로그램이 컴퓨터를 움직인다

프로그램을 실제로 작동시키는 기계, 즉, '컴퓨터'는 어떤 방식으로 작동하는 것일까요?

현재 우리들이 일상적으로 사용하는 개인용 컴퓨터와 스마트폰을 비롯하여, 에어컨과 텔레비전, 세탁기 등의 가전제품에 내장되어 있는 컴퓨터는 기본적으로 모두 같은 방식으로 작동합니다. 지금으로부터 70여 년 전인 1949년에 탄생한 '에드삭(EDSAC)'이라는 이름의 컴퓨터로부터 현재에 이르기까지 모든 컴퓨터의 작동 방식은 동일합니다.

동영상 사이트 '유튜브'에는 에드삭을 개발한 모리스 윌크스의 해설과 함께, 에드삭이 실제로 작동하는 모습이 공개되어 있습니다. 60여 년 전의 컴퓨터가 어떠한 모습이었고 어떻게 작동하고 사용되었는지

💬 현대 컴퓨터의 원조, 1949년에 탄생한 에드삭.
(Copyright Computer Laboratory, University of Cambridge. Reproduced by permission)

를 살펴볼 수 있습니다. 저는 이 동영상을 볼 때마다 가슴이 두근거립니다.

에드삭에는 모니터가 장착되어 있지 않았으며, 직접 입력할 수 있는 키보드도 없었습니다. 컴퓨터에 명령을 입력시키기 위해서는 '펀치 테이프'라고 부르는 구멍 뚫린 긴 테이프를 테이프 리더를 사용해 읽어 들였습니다. 컴퓨터로부터의 응답은 타이프라이터와 유사한 프린터로 출력하는 방식이었습니다. 지금의 컴퓨터와 비슷하면서도 다른 형태였습니다.

사실 에드삭에 앞서서 에드박(EDVAC)이라는 컴퓨터를 헝가리 출신의 미국인 천재수학자 요한 폰 노이만과 존 모클리, 그리고 존 에커트가 개발하고 있었습니다. 노이만은 에드박의 개발을 앞두고 1945년에 보고서를 발표했고, 이 보고서의 아이디어로부터 영향을 받은 모리스 윌크스가 에드삭을 제작하기 시작했습니다. 결과적으로 에드박 개발은 지연되고, 에드삭이 먼저 완성되었는데, 에드삭이 노이만의 아이디어를 토대로 개발되어서 에드삭을 세계 최초의 '노이만형 컴퓨터'라고 부르고 있습니다.

노이만형 컴퓨터가 훌륭한 점은 '컴퓨터를 작동시키는 명령(프로그램)'을 데이터로 컴퓨터에 제공하기만 하면 컴퓨터를 자유롭게 조종할 수 있다는 사실입니다. 이러한 체계는 지금은 당연한 사실이지만 당시로서는 획기적인 방식이었습니다. 왜냐하면 이전까지는 컴퓨터에게 어떤 계산을 수행시키기 위해서는 컴퓨터 내부의 회로들과 배선들을 새롭게 변경시켜서 프로그래밍을 해야 했기 때문입니다.

예를 들면, 컴퓨터의 전신이라고도 할 수 있는 '태뷰래팅 머신(Tabulating machine)' 또는 '펀치카드 시스템(Punch Card System)'이라고 부르던 기계가 있었습니다. 이 기계는 20세기 초반에 미국의 국세조사 및 회계처리, 재고관리 등에 사용되었습니다. 이 기계의 동작을 프로그래밍하기 위해서는 '플러그 보드(plug-board)'라고 부르던 기판 위에 배선 연결을 바꿔야 했으며, 이런 작업에는 숙련된 기술이 필요했습니다. 물리적인 배선 연결 형태가 컴퓨터에 전달되는 명령, 즉 프로그래밍이었던 것입니다.

　노이만형 컴퓨터에서는 명령을 데이터로서 컴퓨터에 입력하는 것만으로도 컴퓨터가 작동해 계산을 수행하는 방식이었습니다. 입력하는 명령(프로그램)을 변경시키기만 하면 어떠한 계산도 수행할 수 있었습니다. '프로그램'이라는 '입력'을 컴퓨터에 제공하면 입력된 프로그램에 맞추어서 작동하는 컴퓨터의 등장은 그야말로 혁명이었습니다.

16 컴퓨터에서의 '입력 → 처리 → 출력'

　에드삭 탄생 이후, 오늘날의 컴퓨터에 이르기까지 계속 사용되는 '컴퓨터의 기본적인 구조'는 〈그림3.8〉과 같습니다.

　컴퓨터는 'CPU'라는 인간의 두뇌에 해당하는 부품과 일시적으로 기억해 두기 위한 기억장소에 해당하는 부품('메모리')으로 구성되어 있으며, 컴퓨터에 대해서 '입력'을 수행하는 장치와 '출력'을 수행하는 장치가 부착되어 있습니다.

　컴퓨터의 작동은 이러한 '입력'과 '처리'와 '출력'을 조합하여 쌓아 올림으로써 구현됩니다. 개인용 컴퓨터의 예를 들어 설명하면, 키보드와 마우스, 터치패드와 터치패널, 카메라, 마이크 등이 입력 장치이며,

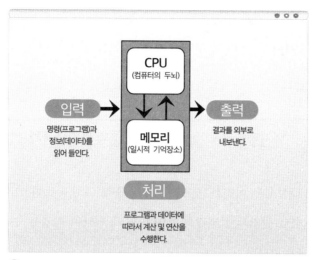

CPU
(컴퓨터의 두뇌)

입력
명령(프로그램)과
정보(데이터)를
읽어 들인다.

메모리
(일시적 기억장소)

출력
결과를 외부로
내보낸다.

처리
프로그램과 데이터에
따라서 계산 및 연산을
수행한다.

💬 그림3.8 컴퓨터의 기본 구조.

모니터와 스피커 등이 출력 장치입니다. 데이터를 기록하거나 데이터를 불러 내는 하드디스크와 DVD 등도 입출력 장치(입력 장치이면서 동시에 출력 장치)에 해당합니다.

한편, 일반 가정집이나 사무실에 있는 에어컨은 어떨까요? 예를 들어, 사람이 리모컨을 조작해서 수행하는 '설정온도 변경', '풍량 변경', '난방/냉방/제습/송풍모드 변경' 등과 같은 명령은 적외선을 매개체로 하여 에어컨으로 '입력'됩니다. 또한, 실내 온도와 습도를 측정하는 온도 센서와 습도 센서로부터의 정보도 에어컨에 '입력'됩니다. 한편, 에어컨의 '출력'은 설정온도와 실내온도 및 습도를 표시하는 리모컨의 액정에 표시됩니다. 그리고 에어컨의 송풍 자체도 '출력'에 해당합니다.

컴퓨터는 다양한 부분에서 '입력'을 받으며, 입력을 받을 때마다 프로그램에 따라서 '처리'를 수행하고 그 결과를 '출력'합니다.

'입력 → 처리 → 출력'의 연결

기계 내부에는 이러한 '입력', '처리', '출력'의 묶음들이 여러 개 존재하며, 서로 연결되고 겹겹이 쌓여서 보다 커다란 작업을 수행할 수 있도록 조합됩니다.

앞에서 설명했던 에어컨을 다시 한 번 살펴보겠습니다. '에어컨 본체'에는 '온도 센서', '습도 센서', '송풍'이 연결되어 있었습니다.

▪ 에어컨
- 입력 : 온도 센서 및 습도 센서로부터 수집된 데이터
- 처리 : 현재 온도 및 습도, 설정온도, 설정모드로부터 판단하여 풍량과 송풍 온도를 조정
- 출력 : 송풍 부분으로부터 나오는 바람

그리고, 조작하는 '리모컨'도 그 자체가 독립적으로 작동하는 작은 컴퓨터입니다.

- **리모컨**
  - 입력 : 사용자에 의한 리모컨 버튼 입력
  - 처리 : 눌려진 버튼의 의미를 판단한다
  - 출력 : 처리 결과를 리모컨의 액정에 표시한다
  - 출력 : 처리 결과를 에어컨에게 보낸다

동시에, 리모컨은 에어킨 본체에 적외선을 이용해 정보를 보냅니다. 이러한 동작은 리모컨에게는 '출력'이며 에어컨에게는 '입력'이 됩니다.

- **리모컨**
  - 입력 : 사용자에 의한 리모컨 버튼 입력
  - 처리 : 눌려진 버튼의 의미를 판단한다

- **에어컨**
  - 입력 : 리모컨이 보낸 데이터
  - 처리 : 입력된 데이터에 따라서, 무엇을 제어할지 판단하여 풍량과 송풍 온도를 조정
  - 출력 : 송풍 부분으로부터 나오는 바람

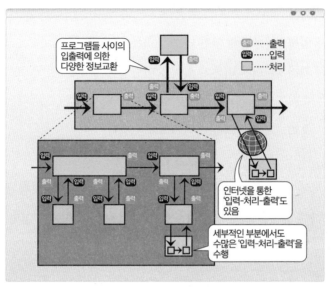

💬 그림3.9 프로그램과 프로그램, 컴퓨터와 컴퓨터 사이의 연계.

어떤 컴퓨터의 출력이 다른 컴퓨터의 입력이 되어, 그 입력을 받아서 처리하고 출력 결과가 다시 다른 컴퓨터의 입력이 되는 방식으로 컴퓨터들이 서로 연계되어 보다 복잡한 시스템을 만들 수 있습니다.

이러한 '입력-처리-출력의 연결'은 서로 다른 컴퓨터들 사이에서만 성립하는 것은 아닙니다. 1대의 컴퓨터도 내부에서 다양한 프로그램들이 동시에 작동하고 있고, 이러한 프로그램들이 상호 협조하고 연계하면서 작동됩니다. 사실은 이러한 컴퓨터 내부에서 작동하는 각각의 '프로그램'들도 '입력-처리-출력'을 수행하면서 연계되어 있습니다 (그림3.9).

이러한 '입력-처리-출력'은 또한 여러 개가 하나의 커다란 묶음이 되어 작동함으로써, 보다 큰 '입력-처리-출력'으로 작동합니다. 작은 '입력-처리-출력'이 보다 커다란 '입력-처리-출력'으로 겹쳐 쌓여서, 더 큰 '입력-처리-출력'을 구성하는 경우도 있습니다. 프로그램과 컴퓨터는 이와 같은 방식으로 '계층적'으로 조립되고, 또한 '계층적'으로 작동하게 됩니다.

18 아이들과 함께 프로그래밍을 시작합시다

이제 '프로그래밍이란 무엇인가?'라는 질문에 대한 답이 조금은 해결되셨습니까? 이제는 아이들에게 "프로그래밍은 말이야…"라고 설명할 수 있을 것 같은 감을 얻었다면 다행입니다.

에어컨의 예에서 살펴보았듯이, 컴퓨터 앞에 앉아서 실제로 프로그래밍을 하지 않더라도 일상생활 속에 존재하고 있는 프로그래밍과 관련 있는 것들을 두루 생각하면서 이해를 넓혀 나가는 방법이 상당히 많습니다.

4장에서는 실제로 컴퓨터를 사용하지 않고 프로그램에 대해서 아이들과 함께 생각하는 방법을 소개합니다. 일상생활 속에서 무의식적으로 컴퓨터의 도움을 받고 있는 경우가 상당히 많습니다. 컴퓨터가 어떤 짜임새로 작동하고 있는지를 좀 더 깊이 있게 살펴봅시다.

4장

기초를
이해하고
흥미를
갖게 하자

① 생각하는 즐거움을 아이들에게!

컴퓨터를 사용해 프로그래밍을 하지 않더라도 프로그램(어떤 목적을 달성하기 위한 알고리즘을 순차적으로 작성한 것)과 알고리즘(문제 해결 방법을 엄밀하게 표현한 것)에 대해서 생각해 볼 수 있습니다.

4장에서는 구태여 컴퓨터로 프로그래밍을 하지 않더라도 생각만으로 프로그래밍의 재미를 느껴 볼 수 있다는 사실을 알려 주고자 합니다. 우선 아이들과 함께 일상생활 속에서 발견할 수 있는 현상들을 잘 관찰하여 프로그램의 핵심을 찾아 생각해 보도록 합시다.

어린 시절, 드라이버를 가지고 집에 있던 라디오카세트를 분해하면서 놀았던 기억들은 있을 텐데요. 내부가 어떻게 되어 있는지, 어떻게 작동하고 있는지 등을 조금이라도 알아내고 싶어서 두근거렸던 심정, 바로 그런 마음이 프로그래밍을 배우는 데 중요합니다. 4장을 통해서 그때 그 시절에 느꼈던 마음을 아이들에게 전해 주기 바랍니다.

커다란 프로그램은 보다 작은 프로그램들을 구조적·계층적으로 조합하여 만든 집합체입니다. 우리들이 매일 사용하고 있는 제품이나 서비스도 잘 관찰하고 분해해 보면, 보다 작은 프로그램들이 서로 협력하고 있음을 알 수 있습니다. 반대로 작은 프로그램들을 자유자재로 조합함으로써 새로운 프로그램을 만들어 낼 수도 있습니다. 아이들이 실제로 프로그래밍을 하는 단계가 되었을 때, 여기서 이해한 내용들이 틀림없이 도움이 될 것입니다.

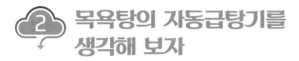

목욕탕의 자동급탕기를 생각해 보자

자동급탕기는 스위치를 누르면 자동으로 물을 데워서 욕실 욕조에 설정한 물높이까지 온수를 공급하고 온수 온도를 유지해 줍니다. 요즘은 당연한 기능입니다만 자동급탕기가 처음 나왔을 때만 해도 그렇지 않았습니다. 물 온도가 너무 올라가서 욕조에 담긴 온수에 손을 댈 수도 없을 정도로 뜨겁거나, 욕조 바닥 부분의 온수가 너무 낮아서 놀라는 경우는 이제 옛날 이야기가 되고 있습니다.

우선 시작하기 전에, 이러한 자동급탕기가 어떤 구조로 작동하고 있는지 살펴보겠습니다. 컴퓨터로 자동급탕기의 작동을 구현하기 위해서는 프로그램에서 어떤 처리를 조합하면 좋을지 생각해 보겠습니다. 실제 급탕기의 작동에 대한 상세한 짜임새는 급탕기 제조회사만 알고 있으므로, 여기에서 생각해 본 결과가 실제와 다른 부분이 있을지도 모릅니다. 그렇지만, 다음과 같이 이것저것 고려해 볼 가치가 있습니다. 더불어 나중에 아이들이 이해할 수 있는 수준으로 설명하고 있는 모습을 상상하며 즐기시길 바랍니다.

3장에서 말한 바대로, 컴퓨터는 '입력→처리→출력'의 구조를 기반
으로 작동하고 있습니다. 이러한 구조를 토대로 자동급탕기의 동작을
생각해 봅시다(그림4.1).

욕조에 들어갈 온수의 양과 설정온도를 자동급탕기의 조종 패널에
서 설정한 후에 '자동급탕' 버튼을 누르면, 욕조에 온수가 공급되기 시
작합니다. 또한 설정한 온수 용량과 온도에 도달하면 급수를 정지하고
"온수 공급이 완료되었습니다!"라고 음성 메시지로 알려 줍니다. 자동
급탕기의 이러한 동작을 〈그림4.2 ①〉과 같이 파악할 수 있습니다.

여기서, '욕조에 온수를 공급한다'라는 처리는 구체적으로 어떻게

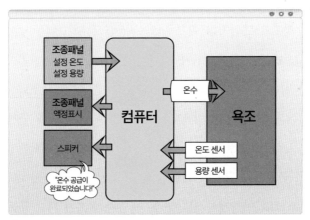

💬 그림4.1 목욕탕의 자동급탕기의 동작을 분해해서 생각해 본다.

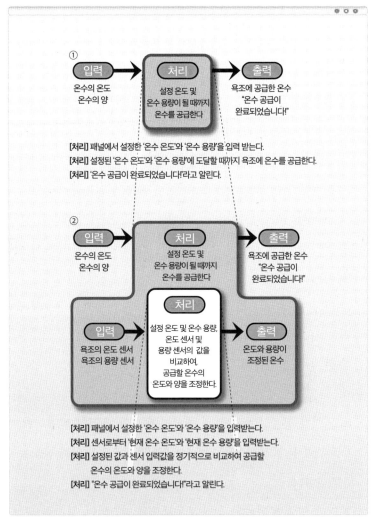

① 입력 → 처리 → 출력

입력: 온수의 온도 / 온수의 양

처리: 설정 온도 및 온수 용량이 될 때까지 온수를 공급한다

출력: 욕조에 공급한 온수 "온수 공급이 완료되었습니다!"

[처리] 패널에서 설정한 '온수 온도'와 '온수 용량'을 입력 받는다.
[처리] 설정된 '온수 온도'와 '온수 용량'에 도달할 때까지 욕조에 온수를 공급한다.
[처리] '온수 공급이 완료되었습니다!'라고 알린다.

② 입력 → 처리 → 출력

입력: 온수의 온도 / 온수의 양

처리: 설정 온도 및 온수 용량이 될 때까지 온수를 공급한다

출력: 욕조에 공급한 온수 "온수 공급이 완료되었습니다!"

처리

입력: 욕조의 온도 센서 / 욕조의 용량 센서

처리: 설정 온도 및 온수 용량, 온도 센서 및 용량 센서의 값을 비교하여, 공급할 온수의 온도와 양을 조정한다.

출력: 온도와 용량이 조정된 온수

[처리] 패널에서 설정한 '온수 온도'와 '온수 용량'을 입력받는다.
[처리] 센서로부터 '현재 온수 온도'와 '현재 온수 용량'을 입력받는다.
[처리] 설정된 값과 센서 입력값을 정기적으로 비교하여 공급할
　　　온수의 온도와 양을 조정한다.
[처리] "온수 공급이 완료되었습니다!"라고 알린다.

💬 그림4.2 자동급탕기의 입력/처리/출력 ①, ②

수행되는 것일까요? 컴퓨터 입장에서 생각해 보겠습니다.

컴퓨터는 최종적으로 패널에서 설정한 온수 용량과 온도에 도달시키기 위해 욕조 속 온수의 양과 온도를 정기적으로 체크합니다. 그리고 설정용량과 설정온도 값과 비교하면서, 어느 정도의 온도를 갖는 온수를 얼마나 공급하면 좋은지를 판단합니다(그림4.2 ②).

온수를 공급하는 처리는 더욱 상세하게 분해하여 생각해 볼 수 있습니다. 예를 들어, 30초 간격으로 현재 욕조에 있는 온수용량과 온도를 '반복해서' 체크하고, '온수 공급을 중지할 것인지 계속할 것인지', '온수 온도를 올릴 것인지 내릴 것인지' 등을 '조건 분기'로서 판단합니다(그림4.3).

이와 같이 '설정 온도 및 용량이 될 때까지 자동으로 온수를 공급한다'라는 처리는 보다 작은 처리들로 분해됩니다.

또한, 실제로 다음과 같은 처리들도 수행될 것입니다.

- 온수가 공급되는 도중에 패널의 온도와 용량이 변경되면, 현재 욕조의 온수 상태와 비교해서 공급되는 온수의 양과 온도를 다시 계산한다.
- 온수 공급이 완료된 후에 보온모드로 변경되며, 정기적으로 온수 온도를 체크한다. 설정된 온도보다 어느 정도 낮아지면 설정온도가 될 때까지 욕조 안의 온수를 데운다.

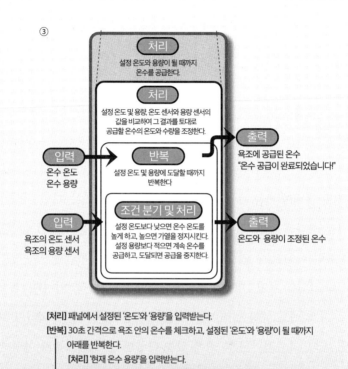

③

처리
설정 온도와 용량이 될 때까지
온수를 공급한다.

처리
설정 온도 및 용량, 온도 센서와 용량 센서의
값을 비교하여 그 결과를 토대로
공급할 온수의 온도와 수량을 조정한다.

입력
온수 온도
온수 용량

반복
설정 온도 및 용량에 도달할 때까지
반복한다

출력
욕조에 공급된 온수
"온수 공급이 완료되었습니다!"

조건 분기 및 처리
설정 온도보다 낮으면 온수 온도를
높게 하고, 높으면 가열을 정지시킨다.
설정 용량보다 적으면 계속 온수를
공급하고, 도달되면 공급을 중지한다.

입력
욕조의 온도 센서
욕조의 용량 센서

출력
온도와 용량이 조정된 온수

[처리] 패널에서 설정된 '온도'와 '용량'을 입력받는다.
[반복] 30초 간격으로 욕조 안의 온수를 체크하고, 설정된 '온도'와 '용량'이 될 때까지
아래를 반복한다.
   [처리] '현재 온수 용량'을 입력받는다.
   [분기] '현재 온수 용량'은 설정된 '용량'보다 같거나 많은가?
      └ [처리] 같거나 많으면, 온수 공급을 중지한다.
      └ [처리] 적으면, 온수 공급을 계속한다.
   [처리] '현재 온수 온도'를 입력받는다.
   [분기] '현재 온수 온도'는 설정된 '온도'보다 같거나 높은가?
      └ [처리] 같거나 높으면, 가열을 중지한다.
      └ [처리] 낮으면, 온수 온도를 1도 높인다.
[처리] '온수 공급이 완료되었습니다!'라고 음성 안내한다.

💬 **그림4.3** 자동급탕기의 입력/처리/출력 ③

▪ 온수가 공급되는 도중에 5분이 지나도 온수의 양이 늘어나지 않는 경우, 온수 공급 파이프가 제대로 연결되어 있지 않다고 판단해 급수를 중단하고 경고 메시지를 내보낸다.

실제로 어떻게 작동하고 있는지 정확하게 알 수 없는 부분을 '블랙박스(Black Box)'라고 부릅니다. 여기서는 자동급탕기라는 블랙박스 속의 동작을 상상해 보면서, 처리/조건 분기/반복 등의 단위로 분해해 봅니다. 실제의 작동 모습과 일치하는지, 일치하지 않는다면 어디가 다른가를 생각해 보면, 컴퓨터가 어떠한 짜임새로 작동하고 있는지를 보다 상세히 이해할 수 있습니다. 이러한 방식으로 자동급탕기의 작동을 유심히 관찰해 보면, 자동급탕기가 친근하게 느껴질 것입니다.

그 밖에도 예를 들어 알람 기능이 있는 시계와 전자레인지, 화장실의 비데, 마사지머신 등 집에 있는 다양한 기기들 내부가 어떠한 처리를 수행하도록 프로그래밍되어 있는지를 작동 모습을 잘 관찰하면서 생각해 봅시다. 취급설명서에도 각 기기의 구조와 작동 방법 등이 설명되어 있으므로 중요한 힌트가 됩니다. 각 기기의 움직임을 문서로 작성해 보면서 기기 내부의 프로그램을 상상해 보세요.

③ 루브 골드버그 장치로 놀이하기

　자동급탕기의 사례에서는, 외부에서 관찰할 수 있는 동작으로부터 내부의 구조를 상상하면서 급탕기 내부에서 수행되고 있는 처리들을 분해해 보았습니다. 이번에는 반대로, 작은 단위의 처리들을 하나씩 생각해 보면서 조합해 최종 목표를 달성하는 사례로 컴퓨터 게임을 살펴보도록 하겠습니다.

　루브 골드버그 장치(Rube Goldberg Machines)라는 것이 있습니다. 이것은 '만화가적' 상상력을 토대로, 아주 단순한 작업을 일부러 거창하고 복잡한 부품들을 연결하여 만든 장치입니다(이와 유사한 것으로서, 일본 NHK교육방송의 「피타고라 스위치」라는 방송프로그램에 등장하고 있는 '피타고라 장치'가 있습니다. '공이 굴러가서 널빤지에 부딪치면 널빤지가 쓰러지고, 쓰러진 널빤지에 연결된 밧줄이 당겨져서, 밧줄 끝에 있는 톱니바퀴가 회전하고, 다시 …'와 같은 방식으로, 한 개의 작은 동작이 도미노 쓰러뜨리기처럼 다른 동작을 촉발시키는 형태로 연결되어 있습니다).

　루브 골드버그 장치를 실제로 만드는 것은 어렵고 끈기가 필요합니다. 그러나 동시에 매우 즐거운 일입니다. 고생해서 만든 장치를 작동시켜서 생각했던 대로 움직여 주면 성취감이 끝내줍니다. 여러 번 만들어서 작동시켜 보아도 싫증 나지 않습니다.

이러한 루브 골드버그 장치를 모태로 하는 컴퓨터용 게임 '디 인크레더블 머신(The Incredible Machine)'이 1990년대에 많은 인기를 얻었습니다. 디 인크레더블 머신은 '공이 떨어지고 가위로 밧줄을 절단하고, 방금 전까지 밧줄에 연결되어 있던 풍선이 위로 날아가서 시소를 움직이고, 시소에 묶어 놓았던 램프의 스위치가 당겨져서, 다시 … '와 같은 방식으로, 개인용 컴퓨터 화면 속에서 피타고라 장치를 사용해서 즐기는 게임입니다.

마치 프로그램을 조립하듯이, 각각의 부품과 동물의 움직임을 생각하면서 장치를 전체적으로 조립해 보는 것은 정말로 즐겁습니다. 그리고 이런 게임은 놀이를 통해서 아이들에게 논리적인 조합을 자연스럽게 익힐 수 있는 좋은 기회가 됩니다.

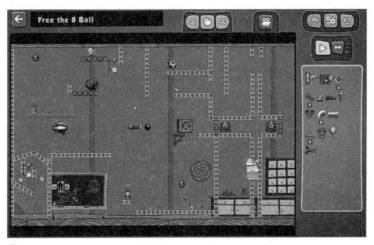

💬 루브 골드버그 장치와 유사한 장치를 화면 상에 만들어서 즐길 수 있는 컨트랩션 메이커.

안타깝게도 디 인크레더블 머신은 현재 판매되고 있지 않습니다만, 이 게임의 개발팀이 새롭게 출시한 '컨트랩션 메이커(Contraption Maker)'로 즐길 수 있습니다.

그 밖에도 비슷한 유형의 게임으로서, 닌텐도DS와 안드로이드 앱으로 출시된 '코로파타(coropata)', 아이폰/안드로이드 앱 '인벤셔니어스(Inventioneers)' 등이 있습니다. 아이들과 함께 즐겨 보기 바랍니다.

게임을 하면서 논리의 조합에 대해서 배울 수 있다면 일석이조입니다. 특히, 부품들을 조합해서 자신만의 영역을 만들어 가는 작업은 작은 부품들을 조립해서 쌓아 올려서 최종적인 목표를 달성하는 '상향식(Bottom-Up)' 사고방식을 이해하기 위한 연습이 됩니다. 한편, 앞서 소개한 자동급탕기의 구조를 작은 부분들로 분해해서 생각해 보는 기법을 '하향식(Top-Down)' 사고방식이라고 부릅니다. 상향식과 하향식 모두 프로그래밍을 수행하는 경우에 중요한 사고방식입니다.

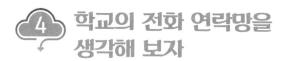

4 학교의 전화 연락망을 생각해 보자

태풍으로 인해 임시 휴교하는 경우, 긴급연락을 위한 '학교 전화 연락망'이 있습니다. 연락망은 학급 학생 전원에게 오류 없이 연락 사항을 전달하고, 학생 전원에게 연락될 때까지의 소요 시간을 가능한 한 단축하는 것이 가장 중요합니다. 연락망을 어떻게 만들면 학생 전원에게 보다 빨리 연락할 수 있을까요?

전화 연락망을 위한 알고리즘에 대해서 생각해 보겠습니다. 우선은 다음과 같이 문제를 조금 단순화해 보겠습니다.

- 한 학급은 30명의 학생들로 구성되어 있습니다.
- 담임 선생님이 가장 먼저 전화를 겁니다.
- 1대1 방식으로만 통화 가능합니다(제3자 단체 통화 등은 고려하지 않습니다).
- 한 번 통화하는 데 1분 소요됩니다(다이얼 시간 등은 생각하지 않습니다).
- 학급 학생들은 모두 자택에 있고, 반드시 전화통화는 연결되는 것으로 하겠습니다(부재중이거나 다른 사람과 통화 중인 상황은 생각하지 않습니다).
- 마지막으로 전화 연락 받은 학생은 담임 선생님에게 전화하지 않아도 되는 것으로 합니다.

이제, 한 명씩 순차적으로 전화를 걸어 보면 어떻게 될지 생각해 보도록 하겠습니다.

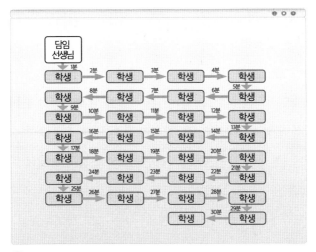

💬 그림4.4 1명씩 순차적으로 전화할 경우의 연락망.

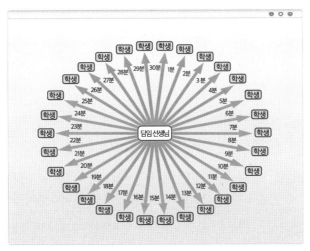

💬 그림4.5 담임 선생님이 학생 1명씩 전원에게 전화하는 경우의 연락망.

'담임 선생님이 첫 번째 학생에게 전화하고, 첫 번째 학생은 두 번째 학생에게 전화하고…'와 같은 방법으로 하면, 전화는 총 30번 걸게 되고, 전체적으로 총 30분이 소요됩니다(그림4.4). 보다 엄밀하게 표현해 보면, 학생이 n명(n은 자연수)인 경우 전화 연락에는 총 n분이 소요됩니다. 즉 위와 같은 방법으로 연락하게 되면 한 학급의 학생 정원이 5명이라면 5분 걸리지만, 100명이라면 100분이 걸리게 됩니다.

또 다른 방법으로 담임 선생님이 혼자서 30명 전원에게 전화하는 경우는 어떻게 될까요? 한 번에 걸 수 있는 통화 상대는 1명뿐이므로 역시 30번 전화를 걸어야 되며 총 30분이 소요됩니다(그림4.5). 이런 경우에도 학생이 n명이면 전화 연락이 종료되기까지 총 n분이 걸리게 됩니다.

좀 더 좋은 방법은 없을까요?

 ## ⑤ 전화 연락망과 알고리즘

담임 선생님이 학생 2명에게 전화하고, 그로부터 1명씩 릴레이 방식으로 전화하는 경우는 어떨까요? 즉, 연락망을 2개의 가지로 분할하는 것입니다(그림4.6).

담임 선생님이 첫 번째 학생과의 통화를 마치면 1분 경과되고, 두

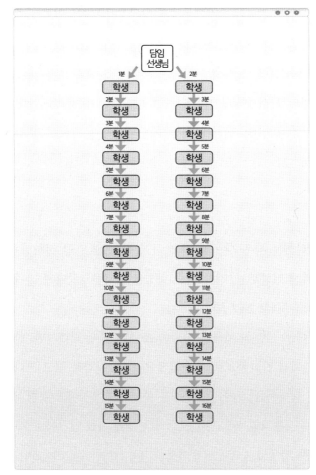

💬 그림4.6 담임 선생님이 학생 2명에게 전화하고,
그 이후에는 1명씩 릴레이 방식으로 전화하는 경우.

번째 학생과의 통화는 2분 후가 됩니다. 그 이후에는 각각 14명이 릴레이 방식으로 순차적으로 전화하게 되므로 14분 걸리게 되어, 결과적으로 16분 후에는 학급 학생 전원에게 전화 통화가 완료됩니다.

100명의 학생들에게 연락하는 경우에는, 2 + (50 - 1) = 51분이 됩니다. 학생 수의 약 절반에 해당하는 시간이 걸리므로, 1,000명이면 501분, 1만 명이면 5,001분이 걸립니다(한 학급의 학생수가 1만 명인 경우는 없겠지요).

한편, 다른 방법을 생각해 보겠습니다. 각 학생들이 다른 학생 2명에게 전화하는 경우에는 총 몇 분이 걸릴까요? 담임 선생님이 2명의 학생들에게 전화하고, 전화 받은 학생들은 다른 2명에게 각각 전화하는 방식을 생각해 보겠습니다(그림4.7)

이번에는 시간을 계산하는 것이 조금 귀찮게 되겠지만, 한 사람이 다른 2명에게 전화하므로, 자신에게 걸려 온 전화를 끊고 그다음 학생 2명에게 연락이 완료되는 것은 2분 후가 됩니다. 이러한 방식을 학생 30명에게 적용하면, 8분 후에 모든 학생들에 대한 연락이 완료됩니다.

〈그림4.7〉에서, 1단계(담임 선생님 1명), 2단계(학생 2명), 3단계(학생 4명)… 와 같은 형태로 연락이 진행됩니다. 학생 30명의 경우는 총 4단계까지 전개되므로 〈그림4.7〉의 가장 오른쪽 가지를 추적해 보면 2 x 4 = 8이므로, 최대 8분이 걸리게 됨을 알 수 있습니다.

보다 엄밀하게 표현해 보면, b단계의 최대 사람 수는 '$2^{(b-1)}$'명이 되

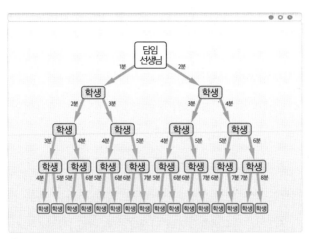

💬 그림4.7 담임 선생님 및 학생들이 2명씩 전화하는 경우

므로 학생이 n명(과 담임 선생님 1명)인 경우, 단계의 높이는 최대 $\log_2$ $(n+1)$의 소수점 이하를 버린 정수가 됩니다.

그 이상은 너무 복잡하게 되므로 설명을 생략하겠습니다만, 1,000 명의 경우에는 최대 18분, 1만 명이면 최대 26분이 소요됩니다. 앞서 설명했던 여러 가지 방법들과 비교해 보면, 〈그림4.7〉의 방법은 인원 수의 증가에 따른 소요 시간의 증가가 상당히 완만해집니다.

연락 방법을 조금만 달리 생각해 보는 것만으로도, 학생들 전원에 게 연락하는 시간이 급격하게 변한다는 사실을 알 수 있습니다. 즉 알 고리즘(연락 방법) 하나로 소요 시간이 크게 변한다는 것입니다.

그렇다면, 다른 방법을 사용하는 경우는 어떻게 될까요?

- 30명 전원이 3명씩 전화하는 경우와 4명씩 전화하는 경우는 어떻게 될까요?
- 학급 학생들이 10명인 경우에는 몇 분 걸릴까요? 50명인 경우에는 어떻게 되나요? 몇 명씩 전화하는 것이 가장 효율적일까요? 학급 학생 수에 따라서 달라질까요?
- 연락망의 가장 마지막 단계에 있는 학생들이 담임 선생님에게 "전화 연락을 잘 받았습니다!"라고 회신 전화를 하는 경우 어느 정도 시간이 걸릴까요?(담임 선생님은 한 번에 1명으로부터 전화를 받습니다)
- 실제로 긴급 연락하는 경우에는 학생들이 등교하기 전에 전화해야 합니다. 먼 곳으로부터 등교하는 학생에게 우선적으로 연락해야만 합니다. 이런 경우에는 어떻게 연락 순서를 정해야 할까요?

이와 같이, 전화연락망 도표를 살펴보는 것만으로도 알고리즘에 관한 여러 가지 상황들을 생각해 보면서 즐길 수 있습니다. 반드시 자녀들과 함께 여러 가지 방법과 상황에 맞추어 생각해 보기 바랍니다.

6 게임에서 적을 맞추면 점수가 올라가는 원리

이번에는 컴퓨터 게임에서 적을 맞추면 점수가 올라가는 원리에 대해서 생각해 보겠습니다. 이런 컴퓨터 게임은 상상만 해도 너무 복잡하므로 게임의 구조를 설명하면서 천천히 이야기를 해 보겠습니다. 게임의 구조를 조금이나마 이해하실 수 있게 된다면 큰 기쁨이겠습니다.

컴퓨터에 의한 아케이드 게임기의 역사는 1972년에 발표되어 크게 인기를 얻은 '퐁(Pong)'이라는 게임으로부터 시작됩니다. 화면의 좌우에 '패들'이라고 부르는 막대기가 있고, 이것을 다이얼이나 스틱으로 조종해서 날아오는 공을 상대방에게 되받아 치는 게임입니다. 화면은 물론 흑백이고, 공은 정사각형 모양으로 표현되어 있습니다.

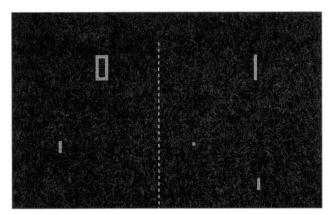

💬 아케이드 게임의 원조 '퐁'은 탁구를 모방한 게임이다.

퐁은 사람 대 사람 또는 사람 대 컴퓨터 형태로 대결할 수 있습니다. 저도 초등학교 시절에 집 근처 백화점의 장난감 매장에 설치되어 있던 가정용 퐁에 몰입해서 놀았던 기억이 있습니다.

나중에는 스페이스 인베이더, 갤러그, 팩맨 등 다양한 아케이드 게임이 등장했습니다. 그리고 개인용 컴퓨터 게임, 가정용 게임기, 스마트폰용 게임 등이 수없이 많이 탄생했습니다. 이러한 게임들 대부분에는 공통적인 구조가 들어 있습니다. '명중 판정' 또는 '충돌 판정'이라고 부르는 기능입니다.

퐁에서는 '패들과 공이 서로 부딪쳤는지'가 충돌 판정에 해당합니다. 인베이더 게임에서는 '이동 포대로부터 발사된 포탄이 적(인베이더)에게 명중되었는지'와 '인베이더로부터의 공격이 포대에 명중되었는지'가 '명중 판정'이 됩니다. 슈퍼마리오 브라더즈의 경우에는 '플레이어가 조작하는 마리오와 루이지가 지면 위에 있는지', '아이템에 부딪쳤는지', '적 캐릭터와 부딪쳤는지' 등이 '충돌 판정'에 해당하며, 테트리스에서는 '위에서 내려오는 블록이 지면이나 벽, 그리고 다른 블록에 부딪쳤는지'가 이에 해당됩니다.

충돌 판정은 실제로는 게임뿐만 아니라 다양한 분야에서 이용되고 있습니다. 예를 들면, 개인용 컴퓨터의 화면에서 마우스 커서를 움직여서 버튼을 클릭할 때, 마우스 커서가 버튼 위에 있는지를 판정하는 경우에도 동일한 방법을 사용합니다.

화면 위에 그래픽으로 표시되고 있는 캐릭터와 적, 아이템, 지면, 벽 등이 서로 '부딪쳤는지' 여부를 판정하기 위해서는 어떻게 하면 좋을까요? 설명을 단순화하기 위해서 3D게임에 대해서는 고려하지 않고, 2차원 평면에서 진행되는 게임을 살펴보겠습니다.

● 화면은 점들의 집합으로 구성되어 있다

개인용 컴퓨터 또는 스마트폰을 구입할 경우, '화면 해상도 : 1920×1080 도트'라는 표현을 들어 본 적이 있을 겁니다. 컴퓨터의 화면은 가로와 세로에 작은 도트(dot, 점)들을 배열한 것으로서, 각각의 점들을 다양한 색상으로 표시하여 글자와 그림, 아이콘 등을 표현합니다(그림4.8).

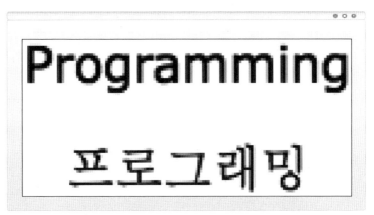

💬 그림4.8 화면에 표시된 문자를 확대경으로 살펴보면, 작은 점들의 집합으로 만들어져 있음을 확인할 수 있다.

화면을 구성하는 각 점들에는 '좌표'가 할당되어 있습니다. 수학에서 배웠던 것을 기억하고 계신지요? 2차원 평면은 X축과 Y축이라는 좌표축이 있고, 평면 위의 점은 모두 (x, y)라는 좌표로 표시합니다. 컴퓨터의 화면은 이와 같은 좌표평면으로 표현되어, '어떤 좌표의 점을 어떤 색상으로 할 것인가'를 조합함으로써 다양한 이미지와 문자들을 표현합니다.

●충돌 판정 = 기하 및 벡터 문제

사실, 화면 위의 캐릭터에 대한 출동 판정은 수학에서의 '도형과 도형이 접하고 있는지 여부를 판정하는 문제'와 똑같습니다.

예를 들면, 점과 점이 접하고 있는지(충돌하고 있는지)를 어떻게 판

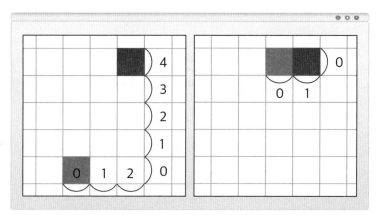

그림4.9 왼쪽 그림의 예에서는, X좌표(가로 방향)의 차는 '2'이고, Y좌표(세로 방향)의 차는 '4'이므로, 두 점 사이의 거리는 '$\sqrt{(2^2+4^2)}$=4.4721……'이 되어 두 점은 접하지 않는다. 한편, 오른쪽 그림의 예에서는, '$\sqrt{(1^2+0^2)}$=1'이 되어, 두 점은 접하고 있음을 알 수 있다.

정하는지를 살펴보겠습니다. 좌표 공간상에서 거리를 구하기 위해서는 '피타고라스의 정리'를 사용합니다. 두 점들 사이의 거리가 1이면 접하고 있는 것이고, 1보다 작으면(즉, 0이면) 충돌한 것에 해당합니다.(그림4.9)

이와 같이 수학을 사용하여 자신의 캐릭터와 적 캐릭터가 충돌하고 있는지 여부 등을 판정합니다.

그러나 이것은 어디까지나 기본적인 개념에 대한 설명입니다. 실제로 게임에서는 이렇게 단순하지 않습니다. 다양한 상황에서 어떻게 하면 충돌 판정이 가능한지를 판단하기 위해서 여러 가지 알고리즘들을 사용합니다. 예를 들면,

- 점과 선의 충돌 판정은?
- 정사각형과 정사각형의 충돌 판정은?
- 구와 구의 충돌 판정은?
- 캐릭터의 모양이 울퉁불퉁하게 되어 있는 경우의 충돌 판정은?

또한 게임 화면에는 내 캐릭터와 적 캐릭터가 각각 1개씩만 있지 않습니다. 다양한 형태의 적들과 탄환, 장애물들과 벽, 시면 등이 다수 등장합니다. 이러한 등장 요소들에 대하여 충돌 판정을 하려면, 조합의

개수가 폭발적으로 증가하여 계산 시간이 많이 걸리게 됩니다. 이렇게 되면 게임 속도가 느려지게 됩니다.

이런 상황에서도 알고리즘이 활약합니다. 다양한 형상으로 되어 있는 캐릭터들이 화면 위에서 움직일 때, 서로 접하고 있는지(충돌하고 있는지)를 판정하는 알고리즘들은 여러 종류가 있습니다. 또한, 계산 시간을 단축하기 위하여 모든 조합들에 대한 충돌 판정을 수행하지 않고, 가능한 한 적은 개수의 조합들에 대한 충돌 판정만을 수행하도록 고려한 알고리즘도 있습니다.

이와 같이, 게임과 알고리즘 사이에는 불가분의 관계가 있습니다. 컴퓨터는 이렇게 게임 분야에서도 다양한 계산을 하도록 프로그래밍 되어 있습니다.

컴퓨터 없이 컴퓨터를 배우자

컴퓨터를 작동시키는 프로그램에는 다양한 알고리즘과 사고방식이 적용되고 있습니다. 0과 1만으로 모든 수를 표현하는 2진수 체계와 정보압축 기술, 암호화 기술, 정렬 및 검색을 위한 알고리즘, 분할통치법(대규모 문제를 보다 작은 문제들로 분할하여 해결하는 방법) 등 프로그램을 작성하는 경우에 다양한 문제 해결 방법들과 표현 방법들을 알고 있으면 보다 좋은 프로그램을 만들 수 있습니다. 이와 같은 '컴퓨터과학' 분야의 지식들을 다양한 놀이 또는 활동을 통해서 익히는 학습법이 '컴퓨터과학 언플러그드(Computer Science Unplugged)'입니다.

뉴질랜드의 컴퓨터과학자 팀 벨을 중심으로 고안된 '컴퓨터과학 언플러그드'는 20년 이상 전 세계 각지의 초등학교부터 대학교에 이르기까지, 관련 수업에서 사용되면서 주목받고 있습니다. '컴퓨터과학 언플러그드'는 '언플러그드(Unplugged)', 즉 컴퓨터 없이 컴퓨터 개념을 추출해 다양한 놀이를 통해서 컴퓨터에 대해서 배우는 점이 특징입니다.

카드를 사용하여 정렬문제를 배우거나, 종이에 도장을 찍어서 비밀 암호를 만들어 보거나, 보드게임 놀이를 하면서 알고리즘에 대해서 공부하는 등 컴퓨터와 프로그램을 이해하기 위한 핵심 요소들을 초등학교 저학년 학생들도 이해할 수 있고 재미있게 놀이하면서 배울 수 있게 되어 있습니다.

이러한 주제들은 원래 영어로 해설되어 있으나, 한글판은 웹사이트(statkclee.github.io/website-csunplugged)에서 무료로 입수할 수 있습니다.

부모님이나 선생님이 아이들과 함께 종이와 카드를 사용해 놀면서 컴퓨터와 프로그래밍을 공부하는 방법은 매우 매력이 넘치는 학습법입니다. 게임이나 활동을 통해서 컴퓨터가 작동하는 체계의 기본과 컴퓨터를 움직이기 위한 알고리즘에 대해서 본인도 모르는 사이에 익힐

 '컴퓨터과학 언플러그드' 목차

수 있습니다. 이러한 즐거운 공부 방법이 앞으로 더욱 늘어나게 되면 좋겠습니다.

8 원리를 파악하고 부품들을 조립하자

4장에서는 일상생활 속에서 접할 수 있는 다양한 사물들의 동작을 살펴봄으로써 사물들의 구조와 작동 원리를 파악해 보았습니다. 이와 동시에, 작은 동작을 수행하는 부품들을 조립해 가면서 목표를 달성하는 즐거움에 대해서도 살펴보았습니다.

커다란 목표를 달성하기 위해서 목표를 분해하여 작은 처리들의 조합으로 분할하는 '하향식' 해결 방법과, 이와는 반대로 작은 부품들을 자유롭게 조합하여 상상하지도 못했던 것을 만들어 내는 '상향식' 해결방법은 두 가지 모두 프로그래밍을 수행하는 데 매우 중요한 사고방식들입니다.

이러한 사고방식들과 놀이를 프로그래밍의 출발점으로 삼는다면 거부감 없이 공부할 수 있습니다. 무엇보다도 즐기면서 생각하는 것이 중요합니다. 공부라고 생각하면 장기적으로는 계속 흥미를 갖지 못하게 됩니다. 부모님과 아이들이 함께 즐기는 '생각 퍼즐'과 같은 것으로써, 반드시 여러 가지 제품들이나 서비스의 내부 모습에 대해서 살펴보고 상상해 보기 바랍니다.

이러한 활동은 컴퓨터와 프로그램을 사용하는 사람의 생각뿐만 아니라, 컴퓨터의 본질과 프로그램을 만드는 사람의 사고체계를 이해하는 계기가 됩니다.

5장

프로그래밍을

배워 봅시다

① 아이들이 프로그래밍을 배우는 첫걸음

이 세상에는 다양한 프로그래밍 언어가 있습니다. 자바(Java), PHP, 펄(Perl), 파이선(Python), 루비(Ruby), 자바스크립트(JavaScript), 베이식(BASIC), 리스프(LISP), 파스칼(Pascal), C, C++, C#, 오브젝티브 C(Objective-C) 등 유명한 언어들만 열거해도 셀 수 없이 많이 존재합니다. 일설에 의하면, 2006년에는 8,500개 이상의 프로그래밍 언어가 존재했다고 합니다. 지금도 각 프로그래밍 언어가 개량을 거듭하면서 새로운 프로그래밍 언어들이 탄생하고 있습니다.

아이들이 처음으로 프로그래밍을 배우는 경우에는 어떤 언어를 선택해야 될까요? 아무래도 처음부터 명령을 나열하는 방식으로 프로그램을 작성하게 하면 어려우므로, 아이들은 곧바로 좌절하게 됩니다. 그러나 염려하지 않아도 됩니다. 프로그래밍 언어의 핵심을 확실하게 체험하면서도 초보자에게 어려운 부분들을 뺀, 아이들을 위한 교육용 프로그래밍 언어가 다양하게 제공되고 있습니다.

아이들의 프로그래밍과 컴퓨터에 대한 기본적인 이해를 돕고, 아이들이 프로그래밍에 쉽게 흥미를 갖게 할 수 있는 언어를 몇 가지 소개하겠습니다. 프로그래밍을 처음 경험하는 부모들도 아이들과 함께 즐길 수 있는 프로그래밍 언어들입니다.

스크래치 : 앨런 케이의 정신을 이어받은 비주얼 언어

　요즘 서점에서는 '스크래치(Scratch)'라는 교육용 프로그래밍 언어 입문서를 자주 볼 수 있습니다. 스크래치는 개인용 컴퓨터의 아버지라고 불리는 컴퓨터과학자 앨런 케이가 개발한 '스몰토크(Smalltalk)'라는 프로그래밍 언어에서 생겨났습니다.

　스몰토크는 '객체 지향 프로그래밍'이라는 개념을 이 세상에 전파한 역사적인 프로그래밍 언어로 1972년에 개발되었습니다. 스몰토크는 오늘날의 '개인용 컴퓨터'라는 개념과 연관된 프로젝트에서 사용된 언어이며, '어린 아이들조차도 프로그래밍할 수 있는 컴퓨터 환경'에 관한 연구에 사용된 언어입니다.

　앨런 케이는 스몰토크를 개발한 후에도 '어린 아이들에 대한 프로그래밍 교육 및 이를 위한 프로그래밍 언어'에 관한 연구를 계속 수행해 스몰토크를 기반으로 하는 '스퀵(Squeak)'을 개발했습니다.

　스퀵에서 동작하는 '스퀵 이토이(Squeak Etoys)'가 개발되어 교육용 프로그래밍 환경은 크게 발전했습니다. '스퀵 이토이'에서는 프로그래밍의 명령을 키보드로 입력하는 대신에, 화면 위에 있는 프로그래밍 부품을 마우스 등을 이용해 조합해서 프로그램을 작성하는, 이른바 '비주얼 프로그래밍(블록 프로그래밍)'이라고 부르는 방법을 채용했습니다. 이러한 아이디어는 미국 국립과학재단의 지원으로 개발된 교육용 게임 프로그래밍 환경 '에이전트시트(AgentSheets)' 등으로부터 영향을 받았다고 알려져 있습니다.

이렇게 만들어진 스퀵 이토이의 아이디어를 참고해서 MIT 미디어 랩에서 개발한 것이 스크래치라는 어린아이들을 위한 프로그래밍 환경입니다. 스크래치에서 사용하는 명령은 각각 작은 블록 모양의 부품들로 표현되어 있으며, 각 부품들을 '드래그 앤드 드롭(Drag-and-drop, 끌어서 놓기)' 방식으로 조립해, 화면 위에 배치된 캐릭터와 그림 등을 움직이는 프로그램을 만들 수 있습니다. 아이들은 놀이하면서 자연스럽게 프로그래밍의 기본(처리, 반복, 조건 분기 등)을 체험할 수 있습니다.

요즘에는 스크래치를 웹 브라우저에서 실행할 수 있어서, 개인용

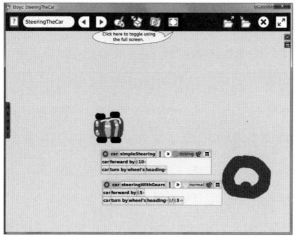

💬 화면 위에 있는 프로그래밍 부품을 마우스로 조작하면서 프로그래밍할 수 있는 스퀵 이토이 5.0.

컴퓨터에 소프트웨어를 설치할 필요조차 없습니다. 인터넷 접속 환경과 웹 브라우저가 있으면, 어디서든지 스크래치를 즐길 수 있습니다. 전 세계 수많은 의무 교육 기관에서 스크래치를 프로그래밍 입문용으로 폭넓게 이용하고 있을 뿐만 아니라, 고등학교와 대학의 컴퓨터 초급 강의 등에서도 사용하고 있습니다.

또한, 자신이 만든 스크래치 프로그램을 세계적으로 공개하는 것도 가능합니다. 친구나 세계 여러 나라 아이들이 만든 프로그램을 참고하면서 개량해 다른 프로그램으로 만들 수도 있는 등, 스크래치는 여러 사람들이 서로 가르치고 배울 수 있다는 점이 큰 매력입니다. 관련 커뮤니티도 활발하게 활동하고 있어, 2014년 8월에만 스크래치 웹 사이트에 등록되어 있는 사용자 수는 370만 명을 넘어섰습니다.

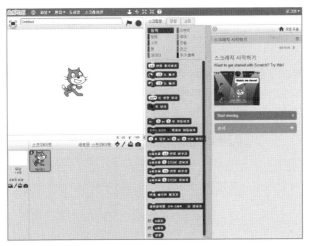

💬 인터넷 환경과 웹 브라우저가 있으면 프로그래밍할 수 있는 스크래치 2.0.

스크래치의 사용 방법을 아주 조금만 가르쳐 주기만 하면 아이들은 마치 장난감이나 인형을 가지고 놀이하는 것처럼 화면 위의 캐릭터를 자유롭게 움직이게 할 수 있습니다. 소리가 나오게 하거나 캐릭터를 점프시키면서 무대 위에서 전진하는 액션 게임을 만드는 모습은 정말 인상적입니다. 초등학교 2학년인 제 딸도 고양이와 인어가 서로 쫓고 쫓기면서 대화하는 게임을 만들어서 놀기도 합니다.

💬 스크래치 사이트에는 전 세계 아이들이 만든 프로그램이 공개 및 공유되고 있다.

③ 코드닷오알지 : 코드의 즐거움을 전 세계 젊은이에게!

　1장의 앞부분에서 컴퓨터과학교육주간에 즈음하여 공개되었던 오바마 대통령의 연설을 소개했습니다. 이 행사를 주최하고 있는 코드닷오알지의 웹 사이트에는 아이들을 위한 프로그래밍 입문용 관련 콘텐츠가 다양하게 제공되고 있습니다. 스크래치와 비슷하게, 웹 브라우저가 있으면 곧바로 시작할 수 있습니다.

　코드닷오알지에서도 스크래치와 유사한 비주얼 프로그래밍이 사용되고 있습니다만, 주로 구글이 개발한 '블록클리(Blockly)'라는 언어를 채용하고 있습니다. 코드닷오알지에는 무엇보다도 아이들이 흥미를 가질 수 있는 콘텐츠가 많이 제공되고 있습니다.

　앵그리버드를 조종하면서 미로를 탈출하여 돼지를 붙잡는 과제, 「겨울왕국」의 주인공 안나와 엘사를 조종해서 얼음 위에 여러 가지 모양을 그리는 과제, '플래피 버드'라고 부르는 게임을 스스로 조립해 보는 과제 등 재미있는 내용이 다양하게 제공되고 있습니다. 게임하듯이 단계를 높여 가면서 프로그래밍의 기본 개념에 친숙해질 수 있습니다.

　코드닷오알지에는 무엇이든 프로그램으로 만들 수 있는 범용적인 프로그래밍 언어와 달리, 미리 준비된 문제를 해결하는 형태로만 되어 있는 등 다소 제한적인 요소가 존재합니다. 그러나 '움직여 볼 수 있는'

교재, 또는 퍼즐 게임이라는 관점에서 볼 때 프로그래밍을 접해 본 경험이 없는 이들이 즐기면서 프로그래밍 세계를 파악하는 입문용으로

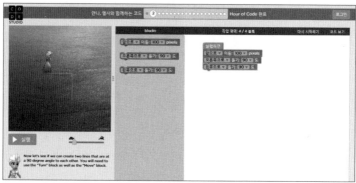

💬 코드닷오알지의 코드 스튜디오에는 아이들이 좋아하는 캐릭터를 사용한 콘텐츠가 많다.

는 가장 적합합니다. 스크래치와 기타 교육용 프로그래밍 언어를 시작하기에 앞서서 잠시 즐겨 보는 용도로는 가장 알맞은 내용입니다. 앵그리버드와 안나를 좋아하는 제 딸도 코드닷오알지에 흠뻑 빠져 있습니다.

그밖에도 다양한 교육용 비주얼프로그래밍 환경들이 존재합니다. 한국에서는 비영리 소프트웨어 교육 플랫폼 '엔트리(play-entry.org)'가 개발한 제품을 꼽을 수 있습니다. 사용자들은 엔트리를 통해 학년별, 나이별로 코스를 나누어 다양한 프로그램을 만들 수 있습니다. 순차, 변수, 반복 등 기초 코딩부터 실전 과정까지 알차게 구성되어 있어 유익합니다. 일본에서도 2010년에 일본 문부과학성이 공개한 비주얼 프로그래밍 환경 '프로그라민(Programin)'이 널리 사용되고 있습니다.

④ 블록을 사용하지 않는 프로그래밍

화면 위에서 퍼즐을 조립하듯이 작업하는 프로그래밍은 프로그래밍의 기초를 즐기면서 배우기에 매우 편리합니다. 그러나 프로그래밍의 기초에 익숙해져서 대규모 프로그램을 작성할 때는 오히려 블록이 걸림돌이 되기도 합니다. 예를 들어, 프로그램이 길어질수록 스크롤해서 이동하는 것조차 힘들어지고, 프로그램 전체를 조망하고 파악하는 것도 어렵기 때문입니다.

이런 경우에는 블록을 사용하지 않고 프로그램 코드를 키보드로 입력하는 교육용 언어를 사용합니다. 코드를 입력한다고 해도 대부분 교육용이므로 기존의 프로그래밍 언어보다는 훨씬 다루기 수월해 어려움 없이 프로그래밍의 세계를 체험할 수 있습니다.

블록을 사용하지 않고서 프로그램 코드를 입력하는 프로그래밍 환경으로는 2014년 12월에 화제가 되었던 '비츠박스(BitsBox)'가 있습니다. 7살 이상 아이들을 대상으로, 자바스크립트를 사용한 코드를 실제로 여러 단계를 거치면서 작성할 수 있습니다. 비츠박스의 개발자 스콧 라이닝어(Scott Lininger)는 "아이들은 어려운 것에는 흥미를 갖지만,

💬 자바스크립트 코드를 입력해 프로그래밍하는 비츠박스

지루하면 곧바로 포기해 버린다. 최대의 적은 지루함이다"라고 말했습니다.

비츠박스의 특이한 점은 동작에 있습니다. 웹 브라우저로 가동하면 화면의 왼쪽에 가상 태블릿이 나오고, 오른쪽에는 프로그램을 작성할 수 있는 영역이 표시됩니다. 오른쪽 영역에 자바스크립트로 프로그램을 입력하면 왼쪽의 가상 태블릿에서 다양한 영상을 움직이거나 폭발시킬 수 있습니다. 자신이 만든 코드를 살펴보면서 동작을 확인할 수 있고, 오류가 있으면 친절한 힌트가 표시됩니다.

또한, 화면의 오른쪽 윗부분에 표시되는 QR코드를 태블릿에 인식시키면, 앞서 제작한 게임을 태블릿에서 작동시킬 수 있다는 점이 흥미롭습니다.

 ## 교육용 언어의 가치

아이들을 위한 교육용 프로그래밍 언어 환경은 스크래치의 등장으로 일거에 확산되었습니다. 다만, 이러한 교육용 프로그래밍 언어를 사용하더라도 실제로 웹 서비스나 스마트폰 앱을 만들 수 있는 것은 아닙니다. 프로그래밍에 사용되는 명령어들도 일부를 제외하면 한정적이며, 화면 속 캐릭터 등을 조종하는 기능만 제공되는 경우가 대부분이기 때문입니다. 결국 나중에 본격적인 프로그래밍 언어를 배워야 하므로 두 번 수고해야 되는 상황입니다. "그렇다면 처음부터 본격적인 프로그래밍 언어를 사용해 공부하는 것이 더 좋지 않은가?"라고 생각할 수 있습니다.

그러나 그렇지 않습니다. 아이들이 프로그래밍을 하기 위해서는 먼저 프로그래밍이 어떤 것인지에 대해서 흥미를 느끼고, 어느 정도 기본적인 지식을 갖추어야 합니다. 이때, 프로그래밍의 핵심이 명확하게 반영된 교육용 프로그래밍 언어가 실마리가 되어 큰 도움이 됩니다.

교육용 프로그래밍 언어를 사용할 경우, 본격적으로 멋진 프로그램이나 게임을 만들 수 없을지 모르나 이를 통해서 프로그래밍의 기본 개념을 배울 수 있습니다. 초보자가 본격적인 프로그래밍 언어를 배우는 경우에는 프로그래밍의 기본 개념을 이해하고 있는지 여부에 따라서 학습 효율이 크게 달라집니다.

원래부터 제약이 많다고 생각하는 것 자체가 잘못된 것일지도 모릅니다. 자유롭고 유연한 감성을 가지고 있는 아이들은, 어른들이 "제약이 많아서 제대로 된 것은 만들지 못할 것이다"라고 생각하는 교육용 프로그래밍 언어를 사용해, 오히려 깜짝 놀랄 작품을 만들어 내는 경우가 많기 때문입니다.

또한 교육용 프로그래밍 언어에는 초보자가 이해하기 어려운 부분은 포함되어 있지 않습니다. 반복의 개념이나 변수의 개념 등과 같이 이해하기 어려운 부분에 대해서, 부품을 조립하는 방식으로 쉽게 생각할 수 있도록 기능을 제공하고 있습니다. 또한 키보드 입력이 서툰 사람이라도 마우스로 움직이거나, 터치로 프로그램을 무리 없이 조립할 수 있습니다.

이러한 교육용 프로그래밍 언어는 초보자가 본격적으로 프로그래밍 세계로 뛰어들게 하는 데 디딤돌 역할을 합니다.

 ## 로봇과 장난감 프로그래밍

아이들을 위한 교육용 프로그래밍 언어는 최근 몇 년간 진화를 거듭해, 최근에는 전자기기와 로봇을 제어할 수 있는 언어들도 등장하고 있습니다. 간단한 프로그래밍으로 로봇을 움직이게 할 수도 있습니다.

'사물인터넷(IoT, Internet of Things, 사물에 센서를 부착해 실시간으로 데이터를 인터넷으로 주고받는 기술이나 환경)'이라는 말을 들어 봤을 텐데, 가정에서 일상적으로 사용하고 있는 가전제품들과 전자제품들이 컴퓨터와 스마트폰, 태블릿 등과 인터넷으로 연결되는 세상입니다. 가까운 미래에는 다양한 기기들끼리 서로 정보를 교환하면서 지금까지 불가능했던 여러 가지 일들이 가능하게 될 것입니다. 이는 컴퓨터와 각종 센서들이 점차 소형화되고 가격이 저렴해지면서 지금까지는 상상도

하지 못했던 기기에도 컴퓨터와 센서를 탑재할 수 있게 되었기 때문입니다.

사물인터넷 세상에서는 어떤 기기가 출력한 데이터가 네트워크로 연결된 다른 기기에 '입력'되고 '처리'되어 다시 '출력'되는 등, 가정 내의 다양한 소형 기기들끼리 연계하여 더 큰 목적을 달성하는 형태가 가능해집니다. 대표적인 예가 '스마트하우스(Smart House)'입니다. 주택 현관의 잠금 장치, 소비 전력, 실내 온도센서, 각 방의 조명 등을 거주자가 손목에 착용하는 밴드형센서로부터 수집한 온도와 심박수 등과 연계시켜서, 주택 거주자에게 지금까지 경험해 보지도 못한 쾌적하고 건강한 생활을 제공할 수 있습니다.

프로그램은 이미 컴퓨터 내부에서 전자적으로 작동하는 '눈에 보이지 않는 정보와 데이터'뿐만 아니라, 실제로 3차원 세계에서 '보고, 느끼고, 만져 볼 수 있는 기기들'도 처리 대상으로 하고 있습니다.

로봇이나 장난감을 조종하는 프로그래밍은 '우리 생활 속에 존재하는 사물들을 대상으로 하는 프로그래밍'의 시작 단계입니다. 제작한 프로그램의 실행 결과가 단순하게 화면 속에서 무엇인가를 움직이게 하는 것뿐만 아니라, 손으로 만져 볼 수 있는 로봇이나 장난감을 실제로 움직이게 하는 것은 정말로 흥미롭고 재미난 경험이 됩니다.

원래, 이러한 '피지컬 컴퓨팅(Physical Computing)'은 기기에 탑재하는 소형 컴퓨터를 대상으로 프로그래밍해 구현할 수 있었습니다. 예전에는 전자공학 분야의 마니아 또는 전문가들만 할 수 있었고 초보자에게는 상상도 하지 못하는 어려운 분야였습니다.

그러나 최근에는 '비주얼 프로그래밍' 등을 사용해 로봇이나 장난감, 전자기기 등을 조종할 수 있는 환경이 갖추어져 가고 있습니다. 프로그래밍 학습으로써, 그리고 물리적 컴퓨팅에 대한 체험으로써, 누구든지 간단하게 도전해 볼 수 있게 되었습니다.

이러한 피지컬 컴퓨팅의 세계를 즐길 수 있는 환경을 몇 가지 소개하겠습니다.

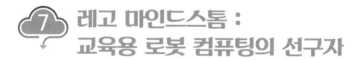

레고 마인드스톰 : 교육용 로봇 컴퓨팅의 선구자

'레고 마인드스톰'은 블록 완구업체 레고에서 개발한 로봇제어학습용 키트입니다. 원래는 초·중·고교생에게 이공 계열 및 관련 기술 분야에 대한 흥미를 갖게 하기 위한 목적으로 1998년에 초창기 마인드스톰인 'RCX'가 발표되었습니다. 현재는 한국과 일본을 포함해 전 세계 수많은 교육기관들과 대학 연구실, 그리고 기업들이 도입하고 있습니다.

초창기 RCX와 그다음 버전인 'NXT'(2006년~)에는 '랩뷰(LabVIEW)'라는 프로그래밍 언어를 기반으로 한 '로보랩 포 랩뷰(ROBOLAB for

💬 2013년 9월에 등장한 3번째 버전의 레고 마인드스톰 EV3.

LabVIEW)'라는 비주얼 프로그래밍 환경이 제공되어 로봇제어에 익숙하지 않은 사람도 프로그래밍을 수행할 수 있습니다.

2013년 9월에 판매가 시작된 3번째 버전 'EV3'(대상 연령 10세 이상)은 컴퓨터 관련 부분이 크게 진화했습니다. 그래서 더 큰 규모의 프로그램을 고속으로 움직이게 할 수 있으며, 스마트폰이나 태블릿으로 조종할 수도 있습니다. 또한, 프로그래밍 환경도 크게 발전해 보다 편리한 비주얼 프로그래밍 환경을 제공합니다.

부속품으로 제공되는 입력 센서로는 7종류의 색상과 빛의 강도를 인식할 수 있는 '컬러 센서'와 '터치 센서(터치하거나 또는 부딪치면 인식함)'가 있고, 출력 장치로는 '적외선 비콘(별도 판매하고 있는 센서를 향해서 적외선을 송신해 원격 조작 및 추적에 사용)', '모터(로봇을 이동시키거나,

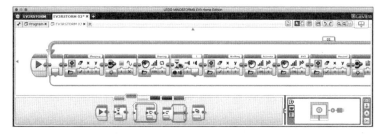

💬 EV3용 블록 프로그래밍 환경_아이콘들을 드래그 앤 드롭하여 횡축으로 연결하면서 작성한다.

로봇팔을 작동시킴)' 등이 있습니다. 이러한 입력 센서들로부터 입력되는 정보를 처리하여 출력함으로써, 바닥에 설치된 선을 따라서 이동하는 로봇, 벽에 부딪히면 방향을 전환하면서 이동하는 로봇 등 다양한 로봇을 만들 수 있습니다. 다소 비싼 가격이 부담스러울 수 있으나 (46~65만 원) 본인이 작성한 프로그램으로 로봇을 움직여 보고 싶은 사람에게는 가격 이상의 가치가 있을 것입니다.

조금 저렴한 제품으로는 '레고 위도(LEGO WeDo)'라는 저연령 아동용 세트가 있습니다. 컴퓨터 부품이 포함되지 않지만, 레고 블록과 각종 센서와 모터가 세트로 되어 있어서 센서를 USB로 컴퓨터에 연결해 마인드 스톰과 비슷한 프로그래밍 환경에서 프로그래밍 할 수 있습니다. 톱니바퀴와 프레임, 모터의 움직임을 고려해 프로그램을 작성하기 때문에, 논리적 사고 능력을 키우고 프로그래밍에 입문하는 데 적합합니다.

⑧ 아텍 로보틱스 : 로봇 프로그래밍 세트

　다양한 블록 완구들이 교육용으로 개발·판매되고 있습니다만, 2012년에 '㈜아텍(ARTEC)'이 개발한 '아텍블록(Artec Blocks)이라는 제품이 대표적이며, 한국에서도 많이 사용되고 있습니다.

　아텍블록은 한 변이 2cm인 정육면체를 기본 블록으로 하고, 상하 및 좌우 방향으로 연결할 수 있는 구조로 되어 있는 점이 특징입니다. 접속용 돌기가 블록의 중간 부분이 아니라 구석에 있기 때문에 겹치지 않게 기울여서 모양을 만들어 갈 수 있습니다. 아텍블록을 사용한 로봇 교재 '스타디노(Studuino)' 및 '로보티스트(Robotist)'가 2014년에 발매되었습니다. 이를 통해 다양한 센서와 모터, 라이트, 부저 등을 사용해 본격적인 로봇 프로그래밍을 체험할 수 있습니다.

　스타디노는 아텍블록과 모터, 센서 등을 함께 조합해 사용하는 '컴퓨터 기판'입니다. 2005년에 이탈리아에서 개발된 오픈소스 하드웨어의 컴퓨터 기판 '아두이노(Arduino)'의 호환 보드로써, 핀으로 접속시킨 센서로부터 정보를 입력받거나 모터를 제어할 수 있습니다.(오픈소스 하드웨어란 하드웨어의 설계도가 공개되어, 설계도를 토대로 같은 하드웨어를 만들어서 판매 및 배포하거나, 설계도를 토대로 개조한 것을 만들어도 되는 하드웨어로 6장에서 소개됩니다.)

💬 정육면체 부품들을 상하좌우 방향으로 기울여서 연결할 수 있는 아텍블록(오른쪽)과
아텍블록을 사용해 만든 로봇 교재 로보티스트(왼쪽).

오픈소스 하드웨어 덕분에, 아두이노 및 관련 호환 보드는 기존의 컴퓨터 기판에 비해서 매우 저렴하게 구입할 수 있습니다. C언어를 기반으로 간략화한 언어를 사용해 프로그래밍할 수 있는 개발 환경도 충실하게 제공돼 호평을 받고 있습니다. 특히, 아두이노는 2013년까지 약 70만대가 판매되었다고 합니다.

아두이노의 호환 보드인 스타디노는 아두이노 용 개발 환경을 이용할 수 있을 뿐만 아니라, 스크래치를 기반으로 로봇을 조종할 수 있도록 개량한 '블록 프로그래밍' 환경과, 보다 간단한 '아이콘 프로그래밍' 환경까지 지원하고 있으며, 센서와 모터를 추가 구입해 연결하면 간단하게 제어할 수 있습니다.

예를 들어,

- 빛 센서로부터 빛을 감지하여, 빛의 밝기에 따라서 부저 음을 연주한다.
- 터치 센서를 사용하여 벽이나 장애물에 충돌했는지 검출한다.
- 음향 센서로부터 소리를 읽어 들여서, 소리의 크기에 따라서 LED의 밝기를 변화시킨다.
- 적외선 포토리플렉터[Photo Reflector, 적외선 LED로부터 방출된 빛을 물체에 반사시켜 반사된 빛을 포토트랜지스터(Photo Transistor)로 받아서 출력 전류가 변화되는 빛 센서. 물체의 위치 검출 등에 사용합니다]를 사용하여 거리를 측정해서, 물체가 가까이 오면 모터를 동작시킨다.

등과 같은 제어를 개인용 컴퓨터를 사용해 프로그래밍하고 USB케이블로 연결된 스타디노에 전송해 간단하게 구현할 수 있습니다.

특히, 스크래치를 기반으로 하는 프로그래밍 환경이 제공되고 있어서 매우 편리합니다. 프로그래밍 입문 과정에서 스크래치를 경험한 사람은 곧바로 물리적 컴퓨팅을 즐길 수 있습니다. 화면 속의 캐릭터를 움직이게 하는 것뿐만 아니라, 프로그래밍으로 실제 사물을 동작시켜보는 것은 아이들에게는 매우 큰 자극이고 즐거운 경험임에 틀림없습니다.

그리고, 이러한 스타디노와 아텍블록, 그리고 각종 센서들을 종합해 구성한 것이 로보티스트입니다. 각종 로봇의 설계도와 프로그램이 웹 사이트에 공개되어 있어서, 곧바로 로봇 만들기를 즐길 수 있습니다. 각종 센서들로부터의 '입력'과 스타디노에서의 '처리'(프로그래밍), 그리고 모터와 부저, LED 등으로의 '출력' 등과 같은 프로그래밍의 기본 제어를 로봇을 통해서 배울 수 있습니다.

 저자의 딸 아이가 스타디노를 사용해 만든 프로그램.
주변이 어두워지면 LED가 순차적으로 켜지고, 주변이 밝아지면 LED가 순차적으로 꺼진다.

9 '공부시키는 것'이 아니라 '함께 공부하기'

5장에서는 아이들과 초보자들이 입문용으로 사용할 수 있는 교육용 프로그래밍 언어와, 놀이하는 것처럼 프로그래밍하면서 로봇을 제어할 수 있는 교육용 키트 등을 소개했습니다.

기술은 우리들의 상상을 뛰어넘는 속도로 진화하고 있습니다. 지금의 기술이나 노하우를 5년 후, 또는 10년 후에도 여전히 사용할 수 있을 것이라고 보장할 수 없습니다. 그래서 특정한 기술에만 의존한 학습은 유통기한이 짧습니다.

미래에 어떤 기술이 등장하더라도 그때까지 배운 지식을 활용해 분석하고, 조립해서 무엇인가를 만들어 내기 위해서는 '생각하는 지혜'가 필요합니다. 이를 단련시키기 위해서는 여기에서 소개한 언어들로 프로그래밍의 기초를 배우는 것이 도움이 됩니다.

다행스럽게도 현재, 여러 가지 프로그래밍 입문용 언어들이 존재하고 있습니다. 부모님들이 아이들과 함께 게임을 만들고 로봇을 조립하는 프로그램을 만들다 보면, 컴퓨터가 어떤 구조로 작동하고 있는지를 서서히 명확하게 이해할 수 있게 될 것입니다. 그리고 입문용 프로그래밍 언어가 "뭔가 부족하다"고 느껴진다면 정말 기쁜 일입니다. 머릿속에 떠오르는 아이디어를 구현하는 도구로써 여러 가지 프로그래밍 언어에 도전해 보기 바랍니다.

6장

반갑다!

프로그래밍

세계

1 아이들에게 원동력이 되는 자극을!

여기까지 읽어 보신 뒤 어떤 생각이 드시나요? "프로그래밍은 생각했던 것보나도 우리들 일상생활과 가깝고 재미있는 일이다", "아이들과 함께 놀이하듯 프로그래밍을 즐기면서 컴퓨터를 이해할 수 있다!"라고 생각하신다면 다행입니다.

아마도 이 책을 읽기 전에는 프로그래밍은 혼자서 컴퓨터 앞에 앉아 묵묵히 키보드를 두드리는 일이라고 생각했을지도 모르겠습니다. 확실히 프로그래밍은 혼자서 집중해서 두뇌를 쓰지 않으면 할 수 없을뿐더러 효율도 오르지 않습니다. 그렇지만 프로그래밍은 고독한 작업으로만 완성할 수 없습니다. 친구들 또는 동료들과 서로의 프로그램을 비교해 보거나, 또는 이미 존재하고 있는 성과물을 참고해 더 좋은 프로그램을 만들기 위한 공동 작업은 매우 소중합니다.

자녀들이 프로그래밍에 흥미를 느끼고 깊이 있게 배우고 싶어 할 때, 부모님께서는 구체적으로 어떻게 도와주시겠습니까? 직접 가르쳐 주는 것도 한 가지 방법일 것입니다만, 프로그래밍에 흥미를 가진 친구들을 비롯하여 다양한 사람들과 접할 수 있는 기회를 만들어 주는 것이 가장 좋은 방법입니다. 아이들은 틀림없이 커다란 자극을 주고받으며 성장하게 될 것입니다.

6장에서는 아이들이 가까운 장래에 한 걸음 더 내딛을 수 있도록 도와 주는 계기를 소개하겠습니다. 친구들을 만나 프로그래밍 정보를 교환할 수 있는 환경, 그리고 실력을 겨루어 볼 수 있는 기회 등이 얼마든지 있습니다. 또한, 아이들이 먼 장래를 위해서 알아 두면 좋은 '프로그래밍의 세계'에 대해서도 설명하겠습니다.

해커톤 & 비즈니스 콘테스트

워크숍과 캠프 등에서 자극을 받아서 배우려는 의욕을 이끌어 내는 행사뿐만아니라, 배우고 익힌 성과물을 최대한 활용해서 다른 사람들과 경합해 볼 수 있는 이벤트도 많이 있습니다.

예를 들면, 매년 '해커톤(Hackathon)'이라고 부르는 행사가 전 세계에서 인기리에 개최되고 있으며 한국과 일본에서도 만날 수 있습니다. '해커톤'은 '해크(Hack, 컴퓨터에 대해서 깊은 지식과 기술을 구사하여 개발하는 일)' + '마라톤'에서 유래하고 있습니다.

몇 시간 동안 또는 며칠 동안 여러 사람들로 구성된 그룹들이 소프트웨어의 제작과 개량을 수행하고, 그 결과를 평가하며 경합하는 것입니다. 또한, 기존의 소프트웨어 및 하드웨어의 새로운 활용법에 대한 아이디어를 프레젠테이션해서 경합하는 경우도 있습니다.

해커톤은 원래, 1999년 미국의 IT기업과 개발자회의에서 소프트웨어의 개선 방법과 활용 방법에 도전하는 이벤트였습니다. 그 이후에는, 새로운 아이디어를 찾아내거나 비즈니스 플랜을 고안하고 프로그래밍 기술을 겨루어 보는 방법으로, 수많은 IT기업과 학술회의, 연구회 등에서 개최하고 있습니다.

특히, 창업 아이디어와 신제품 개발 등과 같이 비즈니스 분야의 관점에서 개최되는 행사를 '비즈콘(BizCon, 비즈니스 콘테스트)'이라고 부릅니다. 또 지방자치단체, 대학, 벤처펀드들도 다양한 해커톤을 개최하고 있습니다. 지역 활성화를 위한 아이디어 찾기를 비롯하여, 특정 기술을 기반으로 하는 앱과 서비스를 사용해 제품 아이디어를 창안하고 개발해서 서로의 성과물을 경합하는 해커톤도 있습니다.

특히 순수하게 프로그래밍 실력을 겨루어 보는 해커톤이 개최되면, 침낭을 준비해서 거의 새벽녘까지 작업을 하거나, 아예 철야 작업을 하는 열혈 참가자들도 많습니다.

최근에는 아이들을 위한 해커톤도 등장하고 있습니다.

한국에서는 초등학생과 중학생을 위한 '주니어해커톤'이 열리고 있습니다. 주니어해커톤은 코딩을 처음 접하는 아이들부터 이미 경험한 아이들까지, 모두를 위한 컴퓨터과학 페스티벌입니다. 2015년 7월에 코딩 교육 플랫폼 '코딩클럽'은 '소프트웨어네버랜드'를 주제로 행사를 열었습니다. 참가자들은 스크래치, 엔트리 등 소프트웨어 프로그래밍 언어를 활용해 8시간 동안 난이도별 미션 문제해결 및 게임·애니메이션 콘텐츠를 만들며 경쟁을 펼쳤습니다.

일본에서도 프로그래밍 교실을 제공하는 '텐토(TENTO)'에서 2014년 3월에 '제1회 초등생·중학생 해커톤'을 개최했습니다. 비스킷 프로그래밍 분야와 스크래치 프로그래밍 분야, 자바스크립트 프로그래밍 분야로 나누어, 각 분야에서 개인 또는 3인 1팀 단위로 구성돼 서로 경합했습니다.

주니어해커톤에서 아이들은 먼저 주어진 시간 내에 각자의 생각에 맞추어 게임, 수학퀴즈, 건망증 방지 타이머, 요리 레시피 앱, 롤 플레이 게임 등을 만듭니다. 제한시간이 끝난 뒤에는 자신의 작품에 대해 직접 프레젠테이션합니다. 그리고 마지막에는 최우수작품을 선정해 시상하는 내용으로 진행됩니다. 이러한 행사는 아이들의 프로그래밍 역량 및 컴퓨터과학적 사고와 창의적 사고를 키우는 데 유익한 계기가 됩니다.

 # 프로그래밍 콘테스트, 프로콘

프로그래밍의 매력에 빠진 아이들이 "더 어려운 것에 도전해 보고 싶다", "프로그래밍 실력을 더 연마하고 싶다"고 했을 때, 도전해 볼 만한 행사도 있습니다.

프로그래밍 기술에 의한 국제경시 대회, '프로콘(ProCon, Programming Contest)'으로 한국에서도 소프트웨어 영재들이 많이 참여하고 있습니다. 프로콘에도 다양한 레벨이 있으며 경합 내용도 여러 가지가 있습니다. 예를 들어, '국제과학올림피아드'는 전 세계 우수 고교생들이 문제해결 능력을 겨루는 지식경시 대회로서, 수학·물리·화학 등 총 8과목에 대한 올림픽이 개최되고 있습니다. 그 가운데 '정보올림피아드'는 참가자들이 치열한 두뇌 싸움을 벌이는 대회로 프로콘의 정점이라할 수 있습니다.

하루에 5시간 동안 3문제에 도전해 이틀동안 총 6문제에 대해 획득한 점수를 토대로 경합합니다. 주어진 각 문제를 해결하는 프로그램을 작성하며, 단순하게 올바른 해답을 구하는 프로그램을 작성하는 것만으로는 승리할 수 없습니다. 얼마나 효율이 좋은 알고리즘인지, 그리고, 얼마나 프로그램의 실행시간이 짧게 되어 있는지 등을 기준으로 평가합니다. 프로그래밍 자체에 대한 기량은 물론이고, 문제해결 능력과 수학적 사고력, 알고리즘 고안 능력 등과 같은 수리적인 능력을 겨루어 보는 콘테스트입니다.

이와 같은 프로그래밍 작품과 프로그래밍 실력을 겨루어 볼 수 있는 경진 대회는 아이들에게 더 많은 동기를 부여할 수 있고, 보다 참신한 발상을 할 수 있는 기회가 될 것입니다.

4 탑코더

경진 대회에 참가해 좋은 성적을 거두면 장래에 IT기업으로부터 스카우트되는 경우도 있습니다. 2001년에 시작된 온라인으로 개최되는 프로그래밍 경시 대회 '탑코더(TopCoder)'를 꼽을 수 있습니다.

전 세계 프로그래머들이 주어진 과제를 해결하는 알고리즘을 고안해 제한시간 내에 프로그램을 작성해서 그 결과를 겨루는 방식으로 진행됩니다. 2014년 12월에만, 세계 각국으로부터 등록한 등록자 수는 70만 명을 넘고 있습니다.

탑코더는 몇 가지 분야로 나누어져 있으며, 가장 유명한 것이 'SRM(Single Round Match)'라고 부르는 경시 대회로, 매월 여러 차례 개최되고 있습니다. 온라인으로 참가 신청을 하고 75분간 실시간으로 과제를 읽고 프로그램을 작성하여 온라인으로 제출합니다. 가장 적합한 해답 프로그램을 만들어서 보다 빨리 제출할수록 높은 점수를 득점하게 되며, 출제된 과제의 요구사항을 1개라도 만족시키지 못하는 프로그램은 0점으로 처리됩니다.

탑코더가 흥미로운 점은, 75분간의 대전이 종료된 후에 5분간 휴식 시간이 주어진 뒤, 이어서 시작되는 '도전 단계'입니다. 같은 분야의 참가자들끼리 서로 다른 참가자들이 작성한 프로그램의 오류를 찾아내서 공격합니다. 다른 사람의 프로그램에 포함된 오류를 올바르게 찾아내서 지적하면 득점하게 되고, 그 점수는 자신의 점수에 추가됩니다. 그러나 만약 자신이 지적한 오류가 틀렸다면 반대로 자신의 점수가 감점됩니다.

최종적으로 심판 위원회가 준비한 데이터를 토대로 체크 작업을 수행하여 과세의 난이도, 프로그램 제출 시간, 프로그램의 완성도, 다른 사람의 프로그램에 대한 공격 횟수 등에 의해 성적이 결정됩니다. 과거의 성적을 포함하여 상위 그룹에 포함되는 참가자는 '레드 코더(Red Coder)'라고 불리며, 우수한 재능을 가진 사람으로서 프로그래머 세계에서 저명인사가 됩니다. 또한, IT기업들 중에는 탑코더에서 높은 성적을 거둔 프로그래머들을 특별 대우해서 채용하는 기업도 있습니다.

탑코더는 접근하기 매우 어려운 세계라고 생각할 수도 있지만, 참가 자격은 특별히 제한하고 있지 않습니다. 참가비는 무료이며 누구든지 참가할 수 있습니다. 사회인이든 학생이든, 프로그래밍 경험이 있는 사람이라면 자유롭게 참가 등록할 수 있습니다. 프로그래밍 기술을 연마하고 싶거나, 보다 좋은 알고리즘을 고안하는 연습을 하고 싶은 전 세계 많은 사람들이 정기적으로 참가하고 있습니다. 과제는 모두 영어로 출제되므로 어려움이 있을지도 모르겠으나, 사전을 찾아보거나 온라인 번역기를 사용해도 괜찮습니다.

프로그래밍에 자신 있는 사람들을 위해서 부담 없이 본인의 실력을 시험해 볼 수 있는 환경이 존재한다는 것은 참으로 멋진 일입니다.

5 커뮤니티와 오픈소스의 활용

 워크숍, 프로그래밍 교실, 해커톤, 프로그래밍 경시 대회 등을 통해 알게 된 친구들과 계속해서 정보를 교환할 수 있다면, 프로그래밍의 즐거움을 발견하는 기회가 더욱 넓어집니다.

 그 밖에도 프로그래밍 학습에 도움이 되는 정보를 교환하는 수단은 많이 있습니다. 인터넷에서도 프로그래밍에 대해서 상담할 수 있는 사이트가 있으며, 프로그래밍 동호회나 스터디 모임도 많습니다. 다른 사람이 작성한 프로그램을 자유롭게 살펴 보면서 배울 수도 있습니다.

 5장에서 소개했던 프로그래밍 언어 스크래치의 웹 사이트에서는 전 세계 여러 곳에서 만든 작품들을 공개하고 있어서 누구나 손쉽게 볼 수 있습니다. 그뿐 아니라, 다른 사람의 작품이 어떻게 프로그래밍되어 있는지, 작품의 코드를 살펴볼 수도 있습니다. 더욱이, 다른 사람의 작품이나 코드를 토대로 이를 개량해서 새로운 작품을 만들 수도 있습니다. 물론, 이런 방식으로 만든 새로운 작품이 또다시 다른 사람에 의해 더욱 개선되는 경우도 있을 것입니다.

 이러한 작업을 스크래치에서는 '리믹스'라고 부릅니다. 마치, 음악 DJ가 레코드를 재생할 때, 스크래치(턴테이블 위의 음반을 손으로 돌리거나 역회전시켜 효과를 내는 일)와 페이더(사운드 트랙 음량 조절기), 이펙터

(소리에 전기적인 처리를 해 변화시키는 장치) 등을 구사해서 음원을 다시 믹싱하는 것과 유사합니다.

스크래치를 사용하여 만든 작품을 스크래치 웹 사이트에 공개한 경우, 다음과 같은 라이선스가 적용되기 때문에 리믹스가 가능합니다.

- 자신이 만든 작품을 프로그램 부분을 포함하여 다른 사람들에게 공개한다.
- 다른 사람이 만든 프로그램을 변경하여 자신의 작품으로 만들어서 공개해도 좋다. 단, 이 경우에는 토대가 된 작품과 저작자를 명확히 밝히고, 변경한 작품도 프로그램 부분을 포함해 다른 사람들에게 공개해야만 한다.

다른 사람이 만든 작품을 자유롭게 참고하고 변경해 새로운 작품으로 만들어도 되는 대신, 자신이 만든 작품도 다른 사람들이 참고해 자유롭게 변경하고 수정할 수 있도록 하는 것입니다. 이런 공개 방법은 '카피레프트(Copyleft)'라고 부르는 소프트웨어 저작권의 사고 방식을 참고로 해서 적용한 것으로서, 이른바 '오픈 소스(Open Source)'라고 부르는 소프트웨어에 대부분 적용되고 있습니다. 특히, 미래창조과학부에서 지정하고 있는 '소프트웨어 중심대학'에서는 '오픈소스 소프트웨어'에 대한 교육이 중점적으로 시행되고 있습니다.

사실, 스크래치 자체도 누구나 무료로 사용할 수 있는 '프리 소프트웨어 라이선스(Free Software License)' 방식으로 공개되어 있으므로, 스크래치가 프로그래밍 언어로서 어떻게 만들어졌는지를 자유롭게 참조할 수 있습니다. 또한 스크래치를 자유롭게 개조하거나 기능을 추가할 수도 있습니다(단, 변경해서 만든 새로운 스크래치는 반드시 같은 저작권 방식으로 공개해야만 합니다). 5장에서 소개한 다양한 프로그래밍 언어들 대다수가 이와 같은 저작권 방식으로 공개되어 있습니다.

다른 사람이 먼저 만든 프로그램을 교과서로 참고할 수 있으며, 더욱이 자유롭게 변경하고 수정해 새로운 프로그램을 만들어서 다시 공개하는 형태로 운영됩니다. 모든 사람들이 공유하고 개선해 가는 이러한 방식 덕분에 누구든지 자유롭게 프로그래밍의 세계에서 활동할 수 있는 것입니다. 인터넷으로 연결된 전 세계가 프로그래밍 커뮤니티이며, 프로그래밍을 즐기는 아이들도 커뮤니티의 일원인 것입니다.

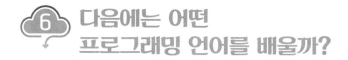

6 다음에는 어떤 프로그래밍 언어를 배울까?

아이들이 스크래치 등과 같은 블록 프로그래밍에 부족함을 느껴서 키보드로 입력해서 작성하는 프로그래밍에 흥미를 갖기 시작했다면,

이제 어떤 프로그래밍 언어를 공부하는 것이 좋을까요?

이러한 질문에 대한 답은, "기본적으로 어떤 언어를 공부해도 좋습니다!"입니다. 만약, 프로그래밍 교실에서 여러 가지 언어들 중에서 선택할 수 있다면, 아이들이 흥미를 갖고 있는 언어를 선택하는 것이 좋습니다. 워크숍 등에서도 교사나 강사가 권장해 주는(아마도 멘토가 알고 있는) 언어가 있다면, 그 언어를 배우도록 하는 것도 좋습니다. 자바(Java), C#, 오브젝티브 C(Objective-C), 스위프트(Swift), 델파이(Delphi), 비주얼베이식(Visual Basic), 자바스크립트(JavaScript), 루비(Ruby), 파이선(Python), 스칼라(Scala) 등등 어떤 언어라도 좋습니다(주요 프로그래밍 언어에 대한 개요가 이 책의 부록에 정리되어 있습니다).

"어떤 언어도 좋다"라고 답한 이유가 있습니다. 틀림없이 "어떤 언어를 공부하면 좋을까?"라는 질문 속에는, "아이들이 무엇을 공부하면 성공할 수 있을까?"라는 부모님의 마음이 들어 있을 것입니다. 그러나 실제로 "이 언어를 공부해 두면 나중에 불이익이 없다"든가, "이 언어를 공부하면 무엇인가 대박 나는 서비스를 만들 수 있다"라는 프로그래밍 언어는 없습니다.

IT세계, 프로그래밍 세계는 하루가 다르게 변하고 있습니다. 지금 프로그래머들이 주목해서 이용하고 있는 프로그래밍 언어도 1년이 지나면 바뀌게 됩니다. 지금 쓰고 있는 프로그래밍 언어가 5년 후에는 옛날 석기 시대의 언어가 될 수도 있습니다.

예를 들어, 여러분 중 누군가가 "지금 아이폰 앱으로 대박나고 싶은데 어떤 언어를 공부하면 좋을까?"라고 생각하고 있다고 합시다. 제가 지금 말할 수 있는 것은 대략적으로 다음과 같습니다. 전문용어들이 언급되고 있습니다만, 상세한 내용에 대해서는 신경 쓰지 말고 '하루가 다르게 변화되고 있다'는 사실에 주목해 주시기 바랍니다.

"과거의 정보와 집단지성이 충실한 언어는 오브젝티브 C입니다만, 2014년 여름에 새로운 언어 스위프트가 등장했습니다. 아마도 스위프트로 작성된 앱이 더욱 늘어날 것입니다. …… 한편, 3D공간에서 격렬하게 움직이는 게임 개발이 아니라면, 또는 보통의 앱 개발이라면, 하이브리드 앱으로 만들겠지요. 이것이 시간도 짧고 또 유행이기도 합니다. …… 하이브리드 앱은 앱의 바깥 부분(내부의 토대 부분)만 네이티브(오브젝티브 C 또는 스위프트)로 작성하고, 앱의 본체는 HTML5 + CSS + 자바스크립트로 작성하는 방법입니다. 그러나 이런 하이브리드 앱 방식도 요즘 1~2년 사이에 트렌드가 무척 많이 변하고 있습니다."

이와 같이, 어떤 언어 하나를 터득했다고 해서 그대로 안주할 수 없습니다.

웹 브라우저에서 작동하는 언어 자바스크립트에 대해서도 마찬가지입니다. 자바스크립트는 예를 들어, 구글맵과 같은 웹 애플리케이션을 만드는 데 큰 역할을 하는 중요한 언어입니다. 그러나 같은 프로그래밍 언어임에도 불구하고 15년 전에 배웠던 사람의 프로그램 코드와 최근에 배운 사람의 프로그램 코드를 살펴 보면, "같은 프로그래밍 언어로 작성된 것 맞나?"라고 의심스울 정도로 차이가 납니다.

그만큼 새로운 언어와 트렌드가 하루가 다르게 만들어지고 같은 언어라고 하더라도 코드 작성 방법이나 스타일이 변합니다. 최신 정보를 파악하고 배우려는 자세를 잃게 되면, 그것으로 끝나 버립니다. 하나의 프로그래밍 언어만 익히면 통용되는 시대는 이미 오래전에 끝났습니다. 지금은 어떤 새로운 언어라도 조금만 공부하면 그런 대로 사용할 수 있는 시대입니다. 그렇기 때문에 프로그래밍의 기초와 개념을 이해하는 것이 가장 중요합니다.

프로그래밍 언어를 공부하는 것은 어떤 특정한 프로그래밍 언어의 문법을 공부하는 것이 아닙니다. 프로그래밍의 개념 자체를 얼마나 깊게 이해할 수 있는지가 중요합니다. 따라서, 어떤 프로그래밍 언어를 배울 것인가는 거의 상관없습니다.

스크래치가 인기 많은 이유는 스크래치가 너무나도 훌륭한 언어이기 때문이 아닙니다. 이후에 어떤 언어를 공부하든, 모든 언어들에 공통적인 핵심 요소가 부족함 없이 들어 있기 때문입니다. 또한, 스크래치는 블록 프로그래밍 방식이라서 초보자가 다루기 쉽습니다. 그리고 스크래치를 사용하고 있는 사람들이 많아서 수많은 사례들과 노하우가 인터넷에 풍부하기 때문입니다.

5장의 마지막 부분에서 "현재의 기술과 노하우가 그대로 5년 후, 10년 후에도 사용될 수 있다는 보장은 어디에도 없다"라고 주장한 이면에는 이러한 의도가 깔려 있습니다.

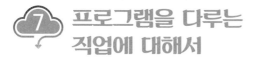

7 프로그램을 다루는 직업에 대해서

아이들은 앞으로 사회에 진출해 직업을 갖게 되겠지요. 이 세상에는 프로그램을 다루는 직업이 많습니다. 반복되는 이야기입니다만, 프로그래밍의 기초를 가르치는 것은 결코 아이들을 '프로그래머'로 만들기 위해서가 아닙니다. 그러나 프로그램을 다루는 직업에 대해서 미리 알고 있다면 분명 도움이 될 것입니다.

프로그래밍을 직업으로 삼는 프로그래머는 급여를 받기 위한 수단으로서 프로그램을 작성하는 사람과, 자신의 업무와는 관계없지만 취미로서 프로그램을 작성하는 사람으로 나누어 볼 수 있습니다.

프로그래머가 직업인 사람 중에도 업무는 업무로써 수행하는 한편, 퇴근 후 또는 휴일에 '취미'로써 프로그래밍에 몰두하는 사람들이 많습니다. 프로그래밍 동호회나 스터디 모임에 참여해 최신 기술에 대한 정보를 수집하고 시행착오를 겪으면서 이해를 더해 가는 과정 속에서 사고의 폭을 넓히고 새로운 아이디어를 만들어 나갈 수 있습니다. 하루 일과 중에 한가한 시간을 확보하여 프로그램을 작성하거나 읽어 보는 사람들은 실상 여러분들이 상상하는 것보다 많습니다. 자신의 업무로 정해진 대로 프로그램을 작성하는 사람들보다, 프로그래밍에 매료되어 취미 생활로 프로그램을 작성하는 사람들이 사실은 프로그래밍 능력이 더 뛰어나기도 합니다.

한편, 프로그램을 작성하는 업무를 직업으로 갖고 있지 않다고 하더라도, 도구로써 프로그래밍을 다루는 사람들도 많습니다.

예를 들어, 수학자가 계산을 하거나 물리학자가 자연 현상에 대한 시뮬레이션을 하는 경우, 프로그램은 편리한 도구가 됩니다. 복잡한 계산을 종이 위에 하는 것보다 단시간 내에 정확하게 실행할 수 있으며, 시뮬레이션 결과를 화면을 통해 쉽게 이해할 수 있습니다. 주식 거래를 하는 사람들 중에는 주가와 환율의 변동을 예측해서 매매하는 데 도움이 되도록 스스로 예측 프로그램을 개발한 사람도 있습니다. 클럽 VJ도 춤추는 손님들에 맞춰 대형 스크린에 영상을 실시간으로 내보내기 위해 프로그램을 사용해서 영상을 만듭니다. 알고리즘을 사용해서 작곡하거나 악곡을 프로그래밍해 연주하는 아티스트도 많습니다. 최근 화제가 된 '프로젝션 맵핑(Projection Mapping)' 분야와 '인터랙티브 아트(Interactive Art)' 분야에서도 프로그램이 사용되고 있습니다.

이와 같은 사람들은 결코 자기 자신을 '프로그래머' 또는 '엔지니어'라고 부르지 않습니다. 이런 사람들은 어디까지나 '수학자', '물리학자', '주식거래전문가', 'VJ', '작곡가', '뮤지션', '미디어 아티스트'이며, 각자의 업무에서 목적을 달성하기 위한 도구로서 프로그램을 만들어 사용합니다. 모든 프로그램들은 컴퓨터 과학자들만이 독점할 수 있는 특별한 것이 아니며, 누구든지 사용할 수 있는 도구로 변화되고 있습니다.

또한, 프로그램을 도구로 사용할 뿐만 아니라, 도구를 최대한 효과적으로 활용하는 방법을 연구하고, 도구를 개량하고 개선하는 작업에 열의를 갖고 있는 사람들도 있습니다. 그런 사람들은 현존하는 도구들(프로그래밍 언어)에 만족하지 않고, 새로운 프로그래밍 언어를 스스로 만들기도 합니다. 이와 같은 열정을 가진 프로그래머와 엔지니어, 그리고 해커(컴퓨터에 대한 깊은 지식과 기술을 가진 사람)들 덕분에, 프로그래밍 언어가 다양해지고 발전하고 있습니다.

8 프로그래밍 달인들의 사고 방식

프로그래머들 중에는 탁월한 창의력과 뛰어난 집중력으로 순식간에 훌륭한 코드를 작성해 프로그래머의 세계에서 존경받는 이들도 있습니다. 프로그래밍 및 엔지니어링 분야에서는 이러한 사람들에게 경의를 표해 '해커(Hacker)', '위저드(Wizard)', '구루(guru)'라고 부릅니다. 이런 사람들은 평범한 프로그래머 100명 또는 1,000명이 한꺼번에 도전해도 도저히 이길 수 없는 실력을 자랑하는, 역사에 길이 남을 천재적인 사람들입니다.

천재 해커들 중에서, '펄(Perl)'이라는 프로그래밍 언어를 개발한 래리 월은 『펄 프로그래밍(Programming Perl)』이라는 저서에서 '프로그래머의 3대 덕목'이라는 명언을 남겼습니다.

- Laziness (느긋함)

- Impatience (조바심)

- Hubris (자만심)

"이게 무슨 덕목인가?"라고 생각할 수도 있겠습니다만, 각각에 대한 부연 설명을 읽어 보면 납득할 수 있을 것입니다.

'느긋함(Laziness)'이란, 결과적으로 '전체적인 노력을 줄이도록 오히려 느긋한 마음으로 충분한 시간을 투자해 최대한 수고를 아끼지 않는 기질'을 의미합니다. 단순한 반복 작업을 계속하는 것은 지루하고 귀찮습니다. 더 효율적인 방법이 없는지 항상 생각하는 태도야말로 효율적인 프로그래밍 작업을 수행하는 원동력이 됩니다.

'조바심(Impatience)'이란, '컴퓨터가 야무지지 못하다고 생각할 때 느끼는 분노'를 의미합니다. 지금 구현하려는 목표를 프로그램으로 작성했지만, 다른 문제에 대응하려면 다시 프로그램을 수정해야 하는 경우 조바심을 내게 됩니다. 이런 경우, 앞으로 발생할 수 있는 문제에 대해서 유연하게 대응할 수 있는 프로그램을 만들어야겠다는 생각이 '효율적인 프로그램', '우수한 프로그램'을 만들어 내는 원동력이 됩니다.

'자만심(Hubris)'은 '자신이 작성한 프로그램에 대해서 다른 사람에게 트집거리가 되지 않으려는 강한 자존심'을 의미합니다. 자신이 작성한 프로그램에 대해서는 누가 살펴보아도 불평할 수 없을 정도로 완벽하게 만들고 싶고, 자신이 작성한 프로그램은 훌륭하므로 다른 모든 사람들이 오래도록 잘 사용할 수 있다고 느끼는 자긍심을 말합니다. 자만심은 이러한 훌륭한 프로그래머가 되는 데 원동력이 됩니다.

래리 월은 프로그래머라면 이와 같은 3가지 덕목을 갖추어야 한다고 말합니다.

9 누구든지 프로그래밍 세계에 뛰어들 수 있다

우리가 컴퓨터 및 컴퓨터가 내장된 각종 기기들을 '사용한다'는 것은 프로그래밍 작업을 수행한 사람의 세계를 체험하고 이용한다는 것을 의미합니다.

우리는 프로그래밍을 배움으로써 우리 삶에 깊숙히 들어와 있는 컴퓨터와 관련한 세계를 보다 깊게 파악하고 이해할 수 있게 됩니다. 또 다른 사람이 만든 것을 그대로 사용하는 것에서 나아가 자신의 생각을 반영시킨 것을 만들 수 있게 됩니다.

누구든지 프로야구 선수, 프로축구 선수, 프로테니스 선수가 되는 것은 아닙니다. 마찬가지로 누구든지 천재적인 엔지니어, 프로그래머, 해커가 되는 것은 아닙니다. 그래도 단지 스포츠 경기를 구경만 하기보다는 직접 스포츠 활동에 참가하는 것으로 보다 많은 것을 배울 수 있습니다. 그럴 때 구경하는 즐거움도 더 커집니다. 스포츠를 즐기고 배우려는 사람들을 위해 동네 야구팀이나 축구팀, 테니스 교실 등이 마련돼 있는 것처럼 프로그래밍의 세계도 비슷합니다.

지금까지 이 책을 읽고 어떤 생각이 드시나요? 프로그래밍은 결코 낯설고 어렵기만 한 세계가 아닙니다. 아이들도 어른들도, 조금이라도 흥미가 있으면 가벼운 마음으로 체험하고 입문할 수 있습니다. 이렇게 즐겁고 두근거리는 세계를 경험하지 못하고 하루하루를 보내는 것은 안타까운 일이 아닐까요?

프로그래밍은
새로운 가능성을 열어 주는 문

　IT분야가 우리가 생각한 것보다 빠르게 발전하면서 이제 '기술적 특이점(Technological Singularity)'이라는 단어를 새롭게 생각해 봐야 합니다. 기술적 특이점은 컴퓨터과학자이며 SF작가인 버너 빈지와 발명가이며 미래학자인 레이 커즈와일이 제창한 개념입니다.

　그들은 "향후 30년 이내에 우리들은 인간을 초월한 '초인적인 지능'을 만들어 내는 기술적인 방법을 손에 넣을 것이고, 그렇게 되면 인류의 시대는 종말을 고하게 된다. 인류에 의한 기술 개발이 이대로 진행된다면 언젠가는 컴퓨터의 '지능'이 인간을 초월하게 되어, 컴퓨터가 인류의 예지력조차도 뛰어넘는 컴퓨터를 만들기 시작할 것이다. 이제는 지금까지의 기술 진보와는 전혀 다른 세계, 인간의 두뇌로는 예측 불가능한 미래가 시작된다"라고 말했습니다. 버너 빈지와 레이 커즈와일은 이러한 기술적 특이점의 시기를 2045년이라고 예측하고 있습니다.

　여러분은 이 이야기가 마치 SF소설과 같은 이야기라고 생각할 수 있습니다. 과거에도 비슷한 의견들이 출현하곤 했습니다만, 이번에는 기술자들과 학자들 사이에서도 비교적 진지하게 받아들여지고 있습니다.

이와 관련 있는 키워드들 중 하나는 '빅 데이터(Big Data)'입니다. 여러분들도 이미 빅 데이터라는 용어를 자주 보고 듣고 있을 것입니다. 빅 데이터란 사용자의 구매 이력과 행동 이력 등을 대량으로 수집해 컴퓨터에게 처리시킴으로써, 인간이 생각하지도 못했던 관련 정보를 찾아내서 제품 개발 및 서비스에 활용하는 것입니다. 빅 데이터 분야에서는 '자연언어처리'와 '기계학습', '화상인식', '통계처리' 등의 프로그래밍 기술이 많이 사용되고 있습니다.

우리 앞에는 그동안 인간밖에 할 수 없다고 생각했던 일들을 컴퓨터가 대신해 주는 시대가 다가와 있습니다. 2013년 9월에 「고용의 미래 : 직업이 컴퓨터에 의해 받게 되는 영향」이라는 논문이 옥스퍼드대학에서 발표되었습니다. "컴퓨터는 지금까지 단순한 반복 및 정형화된 작업에만 사용되었지만, 패턴 인식과 빅 데이터 해석 등의 기술적 진보로 현재 미국 전체 고용의 47%를 20년 이내에 컴퓨터가 대신하게 될 위험성이 높다"라는 충격적인 내용을 담고 있습니다.

"단순하게 컴퓨터를 잘 사용할 수 있으며 된다", 또는 "주어진 업무를 위해서 어쩔 수 없이 컴퓨터를 사용해야만 된다"라는 상황에 만족해서는 안됩니다. 컴퓨터와 관련 지식을 잘 다루고 조합해서 새로운 가치를 발견해 내는 역량이 점점 더 중요해지고 있습니다. 따라서 컴퓨터에 자신의 의지를 담아서 작동시키는 '프로그래밍'을 이해하는 것은 매우 의미가 큽니다.

프로그래밍 세계에 뛰어드는 데 나이 제한이 있는 것은 아닙니다. 프로그래밍이 가져다 주는 가능성을 인지한 사람들과 재미있을 것 같다고 감성을 자극받은 사람들은, 아이든 어른이든 지금 당장 프로그래밍의 세계로 뛰어들어야 합니다.

이 책의 원제목은 『아이들을 억만장자로 만들려면 프로그래밍의 기초를 가르쳐라(Teach your kids to code to turn them into billionaires)』로 되어 있습니다만, 억만장자가 될 수 있을지는 본인의 노력에 달려 있습니다. 물론 운도 있어야겠지요. 그러나 분명히 프로그래밍은 급변하는 미래에 살아남기 위한 힘이 될 것입니다.

특히, 자유롭게 발상하는 아이들에게 프로그래밍은 어른들이 생각하는 것 이상으로 무한한 지적 가능성이 잠재되어 있는 놀이 도구입니다. 마음껏 자신의 창의력을 이끌어 내어 프로그래밍 기술과 사고방법을 익혀서 미래를 개척해 가기 바랍니다.

> 주변의 다른 사람들이 무엇을 하려고 하는지에 대해서 신경을 쓸 필요는 없다. 미래를 예측하는 가장 좋은 방법은 자기 자신이 미래를 만들어 가는 것이다. 진정으로 유능한 사람은 적절한 예산만 있다면, 뉴턴의 법칙을 깨지 않는 범위에서 무엇이든 실현할 수 있다.

1971년에 위와 같은 말을 남긴 사람은 프로그래밍언어 스몰토크를 설계한 개인용 컴퓨터의 아버지 앨런 케이입니다.

사용자 수준으로만 그치는 것이 아니라, 스스로 창작자가 되는 것이 더 즐겁습니다. 이 세상 모든 사람들이 '정말로 유능한 창작자'가 될 수는 없겠지만, 창작의 즐거움을 모두가 공유했으면 좋겠습니다. 이것이 세상 전체를 변화시킬 수는 없더라도 자기 자신이나 가족, 주변을 변화시킬 수 있을지도 모릅니다. 사용자로부터 창작자로의 변신. 프로그래밍은 그런 커다란 가능성을 열어 주는 관문입니다.

이 책을 집필하면서 많은 분들께서 협력해 주셨습니다. 이 책의 일부분은 저자가 디지털할리우드대학교 대학원의 옴니버스강의에서 수업할 때 준비한 자료를 토대로 하고 있습니다. 강의의 기회를 마련해 주신 하시모토 마사츠구 교수님, CA Tech Kids에서 취재를 흔쾌히 허락해 주시고 친절하게 설명해 주신 우에로 도모히로 대표님과 스즈키 다쿠 님, 최종 원고에서는 다루지 못했지만 건축과 프로그래밍에 대해서 유사점과 차이점 등에 관해서 귀중한 코멘트해 주신 야스이 요시모토 건축사님, 집필 시작 전후에 다양한 상담에 응해 주신 나가사키 사토코 님, 다케무라 아키라 님, 후투다 와타루 님, 에디 랜즈버그 님, 정보 교육 전문가의 입장에서 조언해 주신 키오대학 교육학부 니시바타 리츠코 교수님 등 많은 분들께 진심으로 감사드립니다.

그리고, 저자에게 집필의 기회를 허락해 주시고 편집 작업을 도와주신 아타라시 주니치 님. 당신의 도움이 없었다면 이 책은 완성할 수 없었을 것입니다. 진심으로 감사드립니다.

딸아이를 유치원에 보내거나 데려올 때, 그리고 공원에서 놀이할 때 함께했던 작은 친구들. 여러분들로부터 매일 많은 자극을 받았고 많은 발견을 했습니다. 그런 자극과 발견으로부터 이 책의 집필에 큰 영향을 받았습니다. 작은 친구들 모두에게 감사드립니다.

마지막으로, 저자를 언제나 지원해 주는 가족들에게 감사의 마음을 전합니다. 바쁜 하루하루의 일과 속에서, 원고에 대해서, 그리고 저자 본인에 대해서 조언을 아끼지 않았던 아내. 그리고 1살 때부터 여러 가지 자극과 삶의 활력과 의욕을 주면서, 이 책을 집필하기 시작했을 때부터 초보자를 위한 프로그래밍언어와 로봇 환경에서 같이 놀아 준 일곱 살배기 딸! 앞으로도 함께 프로그래밍하며 놀자꾸나!

부록

주요

프로그래밍

언어

Ada

미국 국방성의 경쟁 입찰에 의해 채용된 언어. 1983년에 등장. 민항기와 전투기의 제어용 프로그램이 Ada로 작성되었다고 한다. Ada라는 이름은 레브레이스 백작부인 오거스타 에이다 킹의 이름에서 유래되었다고 한다. 일설에 의하면, 수학자 찰스 배비지가 발명한 세계 최초의 기계식 범용 컴퓨터의 프로그램을 작성한 여성으로서, '세계 최초의 컴퓨터 프로그래머'로 알려져 있다.

ALGOL

컴퓨터과학자의 알고리즘의 연구 및 개발을 수행하기 위하여, 1958년에 등장. 실제 제품개발 등에 보급되지는 못했지만 프로그래밍과 알고리즘에 관한 논문 및 교과서 등에서 알고리즘의 표기방법으로서 오랫동안 사용되어왔다.

블록을 사용한 구조와 오늘날의 프로그래밍 언어에서 중요시되는 '유효범위(scope)'의 개념 등이 ALGOL에 의해서 처음으로 등장했다. 후속 프로그래밍 언어들에게 많은 영향을 주었으며, 오늘날에도 수많은 프로그래밍 언어들이 'ALGOL계열의 언어'로 불리고 있다.

BASIC

FORTRAN의 영향을 받아서 1964년에 개발되어 컴퓨터 교육용 언어로 사용되었다. 1970~1980년대의 마이크로컴퓨터가 유행했던 시대에 대부분의 컴퓨터에서 표준 프로그래밍 언어로서 큰 인기를 누렸다. 현재 Windows용 소프트웨어 개발에 사용되고 있는 Visual Basic 언어는 BASIC의 후손.

C

1972년 켄 톰프슨과 함께 UNIX라는 OS를 개발하고 있던 데니스 리치가 UNIX를 프로그래밍하기 위해서 개발한 프로그래밍 언어. 프로그래밍 언어를 작성하기 위한 프로그래밍언어로서 널리 사용되고 있다.

OS를 개발하기 위해서 하드웨어 관련 프로그래밍이 가능하도록 어셈블리 언어를 내장시킨 프로그램 작성도 가능하다. 아마추어 프로그래머부터 직업 프로그래머에 이르기까지 많은 사람들이 애용하고 있다. 내장식 소형 컴퓨터부터 대형 컴퓨터에 이르기까지 오늘날의 다양한 분야에서 활약하고 있다. C++, C#, Objective-C 등과 같이, C언어를 토대로 확장된 프로그래밍 언어들도 인기가 높다.

COBOL

급여계산 및 경리계산, 문자처리와 정렬처리, 장부출력 등에 편리한 기능이 담겨진 언어로 1959년에 탄생했다. 사무처리 담당자 등 프로그래밍 전문가가 아니더라도 프로그램을 작성할 수 있도록 자연언어(영어)에 가까운 명령어와 문법으로 표기한다.

범용적인 프로그래밍 언어로서는 결점이 많다는 지적이 있으나, FORTRAN언어와 함께 수십 년간 사용되었다. 최근에는 다른 프로그래밍 언어의 특징을 도입하여 개량시킨 'COBOL 2014'도 등장했다.

Erlang

1986년에 등장하였으며, 병렬처리(여러 개의 계산을 동시 병행해서 컴퓨터가 처리)와 분산처리(서로 다른 컴퓨터들에게 계산을 분산시켜서 연계하는 처리)가 가능하다. 한때 트위터 시스템에 활용하려는 움직임이 있었으나, 결국 Erlang에 영향을 받은 Scala(2003년 탄생)가 채택되었다.

FORTRAN

1957년 수학자 존 베커스가 이끄는 팀이 발표한 프로그래밍 언어로 수치계산(특히, 과학기술계산)에 편리한 라이브러리가 충실하게 갖춰져 있다. 오늘날에도 슈퍼컴퓨터 등에서 사용되고 있는데, 지구온난화와 지각변동 등, 지구규모의 시뮬레이션을 수행하는 '지구 시뮬레이터'프로그램 개발에서도 사용하고 있다. 과거 수십 년 동안 이용되어 온 FORTRAN 프로그램이 많이 존재하고 있기 때문에 지금도 계속 사용되고 있는 측면이 있다.

다양한 프로그래밍 언어의 특징을 채택하고 개량되어서 최신 버전이 개발 중이다.

Java

1990년 썬 아미크로시스템즈가 C와 C++언어를 대신할 수 있는 언어로서 개발을 시작해서, Smalltalk와 Objective-C의 객체 지향 개념을 채용하여 1995년에 공개한 언어이다. Java가상머신 상에서 작동하며 서로 다른 컴퓨터와 상이한 OS 위에서도 작동하는 프로그램을 만들 수 있다. 처음부터 네트워크용 라이브러리가 충실하게 제공되어서 인터넷의 보급과 함께 단번에 인기 언어로 등극했다.

가상머신이란, 컴퓨터 내부에 또 다른 컴퓨터가 움직이는 것처럼 작동하는 프로그램을 일컫는다. 소프트웨어에 의해서 하드웨어의 움직임을 완전하게 에뮬레이트(모방)한다. Java에서는 다양한 컴퓨터에서 동작하는 가상머신을 제공하기 때문에, Windows, Mac OS X, Linux 등이 탑재된 휴대전화, 가전제품 등과 같은 내장기기, 서버, 슈퍼컴퓨터 등에서도, 기본적으로 같은 프로그램이 작동하므로 폭넓은 분야에서 사용되고 있다.

JavaScript

웹 브라우저 위에서 작동하는 프로그램 언어로서 1995년에 등장했다. 웹 사이트를 볼 때, JavaScript로 작성된 프로그램을 동시에 읽어 와서 실행된다. 예를 들면, Google Map에서 브라우저에 표시된 지도를 줌인/줌아웃하거나 드래그하여 지도를 움직일 수 있는 것은 JavaScript 덕분이다.

웹 페이지를 작성할 때에 사용되는 HTML을 브라우저에서 자유롭게 조작하거나, 서버 쪽과 통신을 수행하여 웹 브라우저 내의 표시를 자유롭게 변경할 수 있는 등, 웹 애플리케이션을 구축하는 데 큰 역할을 한다. 현재는 브라우저에서뿐만 아니라, 서버 쪽의 다양한 애플리케이션을 작성하기 위해서도 사용된다. Node.js라는 환경이 유명하다.

LISP

1958년, 컴퓨터과학자이며 인지과학자인 존 매카시가 설계한 LISP언어는, 인공지능 연구에 의해 탄생했다. 다른 언어들 대부분이 '절차형 언어'로 부르며, 일련의 동작에 대해서 명령들을 나열하여 기술하고, 이것을 모아서 구조적으로 조합하여 프로그램을 작성하는 데 비해, LISP는 '함수형 언어'라고 부르며, 수학 분야에서 일컫는 '함수'를 프로그램으로 선언(정의)해 가는 것으로 프로그램을 작성한다. LISP의 후속언어로는 'Common Lisp', 'Scheme', 'LOGO', 'Smalltalk' 등이 있고, 대부분의 절차형 언어들에게 영향을 주었다.

LOGO

LISP를 원형으로 하여 1967년에 등장한 언어로서, 8~12살 어린이를 대상으로 한 교육용 프로그래밍 언어이다. 화면상의 거북이를 조종하듯이 그림 그리기할 수 있는 것으로 유명하며, 이후의 교육용 프로그래밍 언어들에서 '오마주'로서 등장하는 경우도 있다. LOGO를 토대로 하는 언어들이 많이 등장하고 있다.

Objective-C

1983년에 객체지향적인 기술이 가능하도록 C언어를 확장한 언어이다. 애플사를 떠난 스티브 잡스가 넥스트사를 설립했을 때, 넥스트컴퓨터 개발을 위한 주요언어로서 채용한 이후에 유명해졌다. 현재는 Mac OS X와 iOS의 주요 개발 언어로 많은 앱 개발자들이 사용하고 있다.

Pascal

1970년에 프로그래밍 교육용으로 개발된 언어이다. 당시에는 매킨토시의 OS와 애플리케이션이 파스칼 언어로 개발되었다. 1980년대에 볼랜드사에서 발매한 Turbo Pascal의 효과 덕분에 일세를 풍미한 언어이다. 수많은 프로그래밍 동호인들에게 애용되었으며, 이후에는 객체지향 개념에 대응하도록 확장되어 Delphi라는 언어로 이어졌다. Delphi는 오늘날에도 Windows용 소프트웨어개발에 자주 사용되고 있다.

Perl

6장에서 소개한 래리 월이 1987년에 발표한 언어이다. 간단한 프로그램을 작성한 텍스트를 처리할 때에 편리한 언어이다. 다양한 기능들을 추가할 수 있는 모듈이 대량으로 유통되고 있다. 특히, 인터넷이 보급되기 시작했던 시기에는 웹 사이트에서 작동하는 프로그램을 작성하기 위해서 많이 사용되었다. 오늘날에도 객체지향 개념을 채용하여 진화중이다.

Processing

컴퓨터 아트와 비주얼 디자인을 위해 만들어진 프로그래밍 언어이다. Java를 토대로 만들어졌으나, 시행착오를 겪으면서 결과를 곧바로 화면에서 볼 수 있는 상호작용성 측면에서는 LOGO의 영향을 받았다. 교육용 프로그래밍 언어로서의 측면이 있으며, 수많은 아티스트에 의해 인터랙티브 아트(Interactive Art) 제작에 사용되고 있다.

Python

1991년에 발표되었으며, Perl과 비슷하게 대량의 편리한 라이브러리를 사용할 수 있을 뿐만 아니라, 처음부터 객체지향 개념을 토대로 개발되었다. 코드 가독성을 최우선시하여 개발되었다. 사용하고 폐기해버리는 소형 프로그램부터 대규모 웹 애플리케이션에 이르기까지, 유럽과 미국을 중심으로 다수의 사용자들을 갖고 있다.

Ruby

마쓰모토 유키히로 씨가 '스트레스 없는 쉬운 프로그래밍'을 즐기기 위해서 1993년부터 개발에 착수하여 1995년에 발표한 언어이다. Perl를 토대로 하고 있으며 객체지향 프로그래밍 언어로서 전 세계 여러 사람들로부터 애용되고 있다. 2005년에는 Ruby를 사용하여 웹 애플리케이션을 보다 간단하게 개발할 수 있는 프레임워크 'Ruby on Rails'를 데이비드 하이네마이어 한슨이 발표하여 폭발적인 인기를 얻었고, 이것의 토대가 된 Ruby도 세계적으로 주목받고 있다. 유명한 레시피 사이트 'COOKPAD'를 필두로 하여 수많은 웹 사이트와 웹 애플리케이션이 Ruby on Rails로 개발되었다.

Smalltalk

노르웨이 컴퓨터센터에서 개발한 'Simula' 및 앞서 설명한 'LOGO' 등의 영향을 받아서, 개인용 컴퓨터의 아버지 앨런 케이가 1972년부터 개발하였다.

아이들도 자유롭게 프로그래밍할 수 있는 이상적인 개인용 컴퓨터(앨런 케이는 '다이나북'이라고 부름)를 개발하기 위해서 Smalltalk가 사용되었고, 오늘날의 개인용 컴퓨터의 기초가 되었다. 이러한 Smalltalk환경은 오늘날의 아이들을 위한 프로그래밍 언어에도 깊게 관련되어 있다.

Smalltalk와 더불어서 널리 알려지게 된 '객체지향(Object-Oriented)'이라는 프로그래밍 개념은, 형태와 이념을 달리하며 C++, Objective-C, Python, Ruby, Java, JavaScript 등의 후발 언어들 대부분에 영향을 주었다. 또한, LISP계열의 Common Lisp에 객체지향 개념이 도입되었고, Perl언어는 1994년의 버전 5.0부터 객체지향에 대응하도록 확장되었다.

SuperCollider

알고리즘을 사용하여 작곡하기 위한 언어이다. 신시사이저를 프로그래밍하듯이 알고리즘에 의해 작곡할 수 있다. 곡을 실시간으로 프로그래밍하면서 음악을 들을 수 있다. 현장에서 프로그램을 변경하여 곡을 변화시킬 수 있는 등, 인터랙티브 아트(Interactive Art) 표현도 가능하다. 다수의 현대 뮤지션들에게 애용되고 있다.

기계어/어셈블리언어

기계어는 컴퓨터의 두뇌에 해당하는 CPU가 직접 이해할 수 있는 유일한 프로그래밍 언어로써, 컴퓨터의 탄생과 역사를 같이하고 있다.

어셈블리 언어는 기계어를 조금이라도 인간이 읽기 쉽도록 숫자를 문자로 변환시킨 형태의 언어이다. 오늘날 어셈블리 언어가 사용되는 기회는 줄어들었지만, 가전제품이나 기계의 내장시스템 등 소규모 하드웨어용으로 한정된 메모리에 작성하는 프로그램이나, CPU가 갖는 특수한 성능을 최대한 이끌어내려는 분야의 프로그램 등 일부 특수한 목적으로 사용된다.

아이와 엄마가 함께 읽는 맨 처음 코딩 교과서

똑똑한 엄마는 국영수보다 코딩을 가르친다

초판 1쇄 인쇄 2016년 3월 29일
초판 4쇄 발행 2019년 12월 2일

지은이 마츠바야시 코지
옮긴이 황석형
펴낸이 김선식

경영총괄 김은영
콘텐츠개발3팀장 윤세미 **콘텐츠개발3팀** 심아경, 한나비, 박화수
마케팅본부 이주화, 정명찬, 권장규, 최혜령, 이고은, 최두영, 박재연, 허지호, 김은지, 박태준, 배시영, 박지수, 기명리
저작권팀 한승빈, 이시은
경영관리본부 허대우, 하미선, 박상민, 윤이경, 권송이, 김재경, 최완규, 이우철

펴낸곳 다산북스 **출판등록** 2005년 12월 23일 제313-2005-00277호
주소 경기도 파주시 회동길 357 3층
전화 02-702-1724 **팩스** 02-703-2219 **이메일** dasanbooks@dasanbooks.com
홈페이지 www.dasanbooks.com **블로그** blog.naver.com/dasan_books
종이 한솔피엔에스 **출력 · 인쇄** 갑우문화사

ISBN 979-11-306-0794-8 (03370)

다산북스(DASANBOOKS)는 독자 여러분의 책에 관한 아이디어와 원고 투고를 기쁜 마음으로 기다리고 있습니다. 책 출간을 원하는 분은 다산북스 홈페이지 '투고원고'란으로 간단한 개요와 취지, 연락처 등을 보내주세요. 머뭇거리지 말고 문을 두드리세요.

독자 서평

논리적 사고를 촉진하는 프로그래밍은 아이들에게 꼭 필요한 교육입니다. 그러나 아이들에게는 정작 프로그래밍이 먼 나라 이야기로 들립니다. 이 책은 일상에서 일어날 수 있는 아이들의 경험을 바탕으로 프로그래밍의 개념을 익히도록 합니다. 이를 통해 아이들의 지적 호기심을 자극하고 또 학부모는 프로그래밍에 대해 쉽게 이해할 수 있습니다. 이 책은 학부모와 아이들이 함께 프로그래밍을 익힐 수 있는 훌륭한 지침서로, 미래 인재를 양성할 수 있는 길잡이가 될 것입니다.

김의호 | 인천광역시교육과학연구원 교육연구사/공학박사

이 책을 통해 프로그래밍이야 말로, 우리 아이들에게 새로운 발상과 호기심, 그리고 감성을 길러 주고 사물에 대해 깊이 있게 생각할 수 있는 힘이 되어 준다는 사실을 알게 되었습니다. 진로에 대해 고민할 시기인 우리 아이와 함께 이 책을 읽고 프로그램을 다루는 직업에 대해 진지하게 생각해 보려 합니다.

이은숙 | 학부모, 춘천 Double-U 늘찬학원장

직접 만든 프로그램을 통해 고객 만족도를 높이는 치과의사, 최적화 알고리즘을 활용하여 이윤을 최대화하는 병원. 이는 외국이 아닌 한국에서, 그것도 수년 전부터 직접 목격하고 있는 사례들입니다. 마치 십여 년 전 영어 활용능력처럼, 프로그래밍 능력은 더 이상 컴퓨터 전공자만을 위한 것이 아닌, 우리 모두에게 당연한 그리고 필수적인 요소로 자리 잡고 있습니다. 부모님들이 자녀들의 미래를 생각해 프로그래밍의 기초를 깨칠 수 있도록 꼭 일독을 권하고 싶습니다.

김웅희 │ 서울대학교 의과대학 의료정보학 박사

이제 더 이상 프로그래밍은 전문가들만의 언어가 아니라 우리 삶의 일부가 되었습니다. 하루라도 컴퓨터를 사용하지 않고, 스마트폰을 사용하지 않고는 살 수 없는 세상이 되어 버렸습니다. 이렇게 변해가는 세상에서 아직도 아이에게는 국 · 영 · 수 위주의 과목만이 중요하다고 생각하십니까? 아니면 이러한 세상을 아이가 직접 새롭게 창조해 나갈 수 있는 기회를 만들어 주는 것이 중요하다고 생각하십니까? 수학을 배우는 것이 수학자가 되기 위해서가 아니라는 저자의 말처럼, 앞으로 프로그래밍은 정보화 사회를 살아가야 할 아이들에게 있어 필수 학문이 될 것입니다. 자신의 아이가 차세대 빌 게이츠, 스티브 잡스, 마크 저커버그가 되기를 꿈꾸는 학부모님들에게 이 책을 추천합니다.

손지성 │ 고려대학교 공학박사 컴퓨터공학 전공

일본의 대표적인 리눅스, 오픈소스 개발자인 마츠바야시 코지 씨의 프로그래밍에 대한 경륜과 딸 사랑이 지극한 아빠로서의 경험이, "아이의 미래를 위해 컴퓨터 프로그래밍에 관심을 갖게 하자"는 취지의 책을 탄생시켰습니다. 마츠바야시 코지 씨가 레드햇과 바인 리눅스에서 일하던 시절 에한국과 일본을 대표하는 리눅스 개발자로서 많은 교류를 나누었던 저로서는, 프로그래밍의 관점에서 세상을 바라보는 탁월함으로, 아이들을 프로그래밍의 세계로 재미있게 이끄는 데 이 책이 큰 역할을 하게 될 것임을 믿습니다. 프로그래밍이 이제는 컴퓨터 과학자들만의 영역이 아니라 어떤 분야에서 일하더라도 꼭 필요한 지식이 되었습니다. 아이들과 부모님들이 프로그래밍에 첫 관심을 갖게 하는 데 이 책이 훌륭한 길잡이가 되어줄 것이라 믿습니다.

임승균 | 일본 동경소재 (주)Ganasys 대표이사

분명히 중요한데, 프로그래밍은 내가 할 수 없는 분야라고 단정 짓는 경우가 더 많습니다. 그건 프로그래밍으로 만들어진 세상과 그 세상을 만든 열정을 제대로 배우기 전에, 영어사전 외우듯 재미없게 공부를 해서가 아닐까요? 이 책은 단편적인 기능이 아니라, 프로그래밍의 배경과 문화를 설명하고, 어떻게 공부하고 활용해야 할지에 대한 올바른 이정표를 제시합니다. 부디 이 책을 통해서 많은 사람들과 아이들이 다음 세상을 창조하는 즐거움을 같이 누렸으면 좋겠습니다.

최희철 | 프로그래머, CEO

독자 서평

학습 성과는 전 세계적으로 인정받고 있지만, 노벨상, 필즈상 등 깊은 연구를 통해 문제를 해결해 낸 결과를 이뤄 낸 업적이 없는 나라. 이러한 오점을 지우기 위해 우리는 깊은 사고를 위한 알고리즘을 상상하는 과정이 꼭 필요합니다. 이 책은 창의적 문제해결력을 길러 주는 알고리즘을 바탕으로, 학부모와 아이들에게 프로그래밍에 대한 이해를 더해 주는 의미있는 책입니다.

박정희 | 브레노스 창의영재 수학학원장/수와북 대표

앞으로 우리나라의 먹거리는 소프트웨어 산업에 있다고 합니다. 이에 정부에서는 특히 중고등학교에서 소프트웨어 교육을 강화할 계획이라고 합니다. 이런 점에서 이 책은 소프트웨어를 쉽게 이해하고 공부할 수 있도록 돕는 길잡이입니다.

조은지 | 충남대학교 기술교육과 2학년

프로그래밍이라는 생소하고, 어려운 개념을 누구나 쉽게 읽고, 또 쉽게 설명할 수 있도록 하는 책입니다. 부모님이 먼저 읽고 아이들의 미래를 설계해 보기에 좋은 책이 될 것입니다.

강진호 | 선문대학교 컴퓨터공학과 3학년